股票交易者的100堂心理训练课

私募基金职业操盘手 **康成福** 著

立信会计出版社
LIXIN ACCOUNTING PUBLISHING HOUSE

图书在版编目（CIP）数据

股票交易者的100堂心理训练课/康成福著.--上海：立信会计出版社，2015.8（2021.6重印）

（擒住大牛/荣千主编）

ISBN 978-7-5429-4671-3

Ⅰ.①股… Ⅱ.①康… Ⅲ.①股票交易—经济心理学

Ⅳ.①F830.91-05

中国版本图书馆CIP数据核字(2015)第111578号

责任编辑　蔡伟莉

封面设计　久品轩

股票交易者的100堂心理训练课

出版发行	立信会计出版社		
地　　址	上海市中山西路2230号	邮政编码	200235
电　　话	（021）64411389	传　　真	（021）64411325
网　　址	www.lixinaph.com	电子邮箱	lxaph@sh163.net
网上书店	www.shlx.net	电　　话	（021）64411071
经　　销	各地新华书店		

印　　刷	北京柯蓝博泰印务有限公司		
开　　本	787毫米×1092毫米	1/16	
印　　张	11.5	插　　页	1
字　　数	181千字		
版　　次	2015年8月第1版		
印　　次	2021年6月第2次		
书　　号	ISBN 978-7-5429-4671-3/F		
定　　价	39.00元		

如有印订差错，请与本社联系调换

前言

　　证券投资的实质是与自我顽固的灵魂作斗争，炒股最后是炒心态。大师级的高手最后的较量并非是投资技巧，而是心理控制。谁能成功战胜心魔，克服人性弱点，谁就是英雄。

　　交易高手在市场获利机会来临之前保持无比的耐心，在市场获利机会来临时能仔细地辨别，在确定获利机会后能以超人的决心大胆追击，在发觉操作行为与实践市场变化出现偏差时能敢于修正自我。只有具备良好的心态，才能攻无不克、战无不胜。

　　股票是金钱与筹码交换的载体，是投资者交易的工具。股市是一场大主力机构与普通投资者的博弈竞争，交易高手在博弈竞争中创造财富。我国证券市场是在一个特殊的环境中产生的，投资群体中绝大多数投资者都必须以亏损为结局。只有广大普通投资者的亏损才能使市场得以生存和发展。交易高手是市场中的精英，他们在散户亏损的基础上摘取属于自己胜利的果实。

　　一个合格的交易高手，必有一套成熟的理论来武装心灵。股市理论是一种战略思维，制约着具体操作的方法和技巧。专业短线高手必须对证券市场有着深刻和独到的认识，要建立一套先进的股市理论。交易高手在实战中不断地总结操作经验，并以此形成实战操作模式。他们根据操作模式制定操作策略，实战操作模式也在不断提高和完善。一种良好的心理状态，不但需要智慧的浇灌，而且更需要实践生活中的磨炼。面对同样事物，不同的心理状态将会产生不同的看法，得出不同的结果。培养一个良好的心态涉及个人修养和性格，要靠长期的修炼才能完成。

本书阐述了笔者多年来的交易心得，希望能对读者有所裨益。最后笔者希望读者能理解一位伟人说的话：要么你去驾驭生命，要么是生命驾驭你，你的心态决定谁是坐骑，谁是骑士。

康成福

目录

contents

小赚靠技术，大赚靠修炼

只有战胜自己，才能战胜别人

只有认识自己，才能管理自己

用学习代替拼命，用智慧代替投机

止损，决不犹豫

投资是为了盈利，但盈利不是人生的全部

心态调整盈利口诀

小赚靠技术，大赚靠修炼

第1课　炒股盈利的思考方式

在进入具体的买卖技巧的探讨之前，希望读者们能明白在炒股这行获得成功必须有什么样的思考方式。炒股的目的是从股市赚钱，但想赚钱并不表示你就能赚到钱。你必须在正确的时间做正确的事情，赚钱只是结果。因为你在正确的时间做正确的事情，所以你得到了回报。

你首先必须以保本为第一要务，在保本的基础上再考虑怎样赚钱。保本不是说保就能保得住的，除非你不涉足股市。只要你把资金投入股市，你就有亏本的可能。股票何时运动正常的概念非常重要，你对股票何时运动正常完全没有概念的话，你的炒股无非是瞎猫碰到死耗子。学股之路是艰难且漫长的，要想从股票学校毕业，你必须有一定的素质。只有具备这些素质，你才可能熬过黑暗的时光。否则，成功只是幻想。你如果还不具备成功的投资者所具有的共性，希望你从今天开始培养。除了毅力之外，没有别的要求。

1. 首先想着保住本金，然后再想着盈利

炒股是用钱赚钱的行业。一旦你的本金没有了，你就失业了。无论你明天见到多么好的机会，手头没有本金，你只能干着急。几乎所有的行家，他们炒股的建议便是尽量保住你的本金。而做到保本的办法只有两个：快速止损和别一次下注太多。

炒过股票的朋友都有这样的经历：亏小钱时割点肉容易，亏大钱时割肉就十分困难。这是人性的自然反应。在一项投资上亏太多钱的话，对你的自信心会有极大的打击。你如果有一定的炒股经历，必然同时拥有赚钱和亏钱的经验。赚钱时你有什么感觉？通常你会在内心指责自己为什么开始的时候不多买一些，下次碰到"应该会赚大钱"的机会，你自然就会下大注。这是极其危险的。在炒股这一行，没有什么是百分之百的。如果第一手进货太多，一旦股票下跌，噩梦就开始了。每天下跌，你希望这是最后一天；有时小小的反弹，你就把它看成大起的前兆；很快这只股票可能跌得更低，你的心又往下沉。你失去理性判断的能力。人性共通，我算是这些经历的过来人，其痛深切。

具体的做法就是分层下注。你如果预备买1 000股某只股票，第一手别买1 000股，先买200股试试，看看股票的运动是否符合你的预想，然后再决定下一步怎么做。如果不对，尽快止损。如果一切正常，再进400股，结果又理想的话，买足1 000股。

由于股票的运动没有定规，你不入场就不可能赚钱，而入场就有可能亏钱，所以承担多少风险便成为每位炒手头痛的事。索罗斯在他的自传中提到他对承担多大风险最感头痛。解决这个问题并无任何捷径，只有靠你自己在实践中摸索对风险的承受力，不要超出这个界限。

然而什么是你对风险的承受力呢？最简单的方法就是问自己睡得好吗？如果你对某只股票担忧到睡不着，表示你承担了太大的风险。卖掉一部分股票，直到你觉得自己睡得好为止。

把"保本"这个概念牢牢地记在心里，你在炒股时每次犯错，你的体会就会深一层，时间一久，你就知道该怎样做了。

2. 不是想着赚一次钱，而是想着不断赚钱

读者或许会嘲笑这样的题目，炒股如果不是为了盈利，炒股干什么？但你注意到"盈利"两字前是什么？是"不断"。在股票市场偶尔赚点钱不难，只要你运气好就可以了。难的是"不断"两字。有多少次你听到朋友说："我今年不错，股票大市跌了20%，我只亏10%，我战胜了股市！"真的吗？任何专业的炒手，唯一该问的问题应该是我今年挣了多少？有谁听说过服装店老板说自己较隔壁店少亏钱而洋洋得意的吗？但我们却常听到炒股的人居然会为亏钱而自豪！这其实便是炒股艰难的地方。看不见、摸不着的股票使一般人的判断力走了样。

要想在股市不断赚钱，除了知识和经验之外，就是必须忍耐，等待赚钱的时机。问问一般的股民，他们入市资金有多少买了股票？有多少是现金？你会很惊奇地发现，一般股民几乎把入市资金全部买了股票。不管是牛市还是熊市时，他们都是这样。这些人有一共同的想法："我的钱是用来赚钱的。"读者们若有机会到赌场看看，就明白股民们为什么会这样做。赌客们站在赌台旁，

一注都不肯放过，生怕下一手就是自己赢钱的机会。直到输完才会收手。你要明白一点：股市有时是完全无序的，你根本就不知道股票下一步会怎样运动。就像你的女朋友生气时一样，你不知她在想什么？不知她要干什么？这时最佳的方法就是别惹她。在股票市场，就是别碰这样的股票。

股票运动大多是有规律的。虽然每只股票的个性都不一样，但大同小异，你需要不断研究，不断观察，等你的经验积累到一定地步，就知道怎样顺势而行。等待、忍耐、观察，只有在股票的运动符合你的入场条件时才入场。只有这样，你才能够确定你入场的获胜概率大过50%。在这基础上，不断盈利才有可能。当然，千万别忘了保本。

3. 赔小钱赚大钱——可以常亏，不可大亏；不求常赚，追求大赚

给读者一道题：在你面前是两位炒手的交易记录。他们去年都翻了一倍，即100%的回报率。一位是常胜将军，他的交易全部赚钱，有买必赚，虽然每次赚的都不多，但他的交易记录密密麻麻的一大沓，积少成多，他赚了100%。另一位似乎运气不怎么样，交易中亏的次数多，赚的次数少。但他亏时亏的钱少，赚时赚的钱多，特别是有只股票卖出价较买入价升了四倍。算总账他也赚了100%。你怎么评价这两位股票炒手？

两人中的一位是运气很好的新手，另一位是资深的专业炒手。你现在大概能够猜到哪位是哪位了吧？

从他们的交易记录，你体会到什么了吗？在现实生活中，专业炒手的记录几乎都如上面所描述，他们明白股票买卖不可能每次都正确，那么在错误的时候何必要付出大的代价？但在他们正确的时候，他们试图从中得到最大的利润。可是新手们很少有这么好的运气，他们通常把赚钱的股票首先出手，满足于赚小钱，结果通常是手头有一大堆套牢的股票。

想象你手里有100 000元，你告诉自己要分散风险，每只股票只投1/10，即10 000元，一年下来，五升五跌，五只股票跌了10%，四只升了10%，另外一只升了200%。那么一年下来，这100 000元变成129 000元，近30%的回报率。其中那只升了200%的股票是成功的决定性因素。

炒过股的朋友，你买过5元的股票升到15元吗？这样的机会多不多？但你抓到过多少？你是不是常常过早离场？使你过早离场的主要原因有两个：一是喜欢贪小便宜；二是对股票较长趋势的判断缺乏经验。得到便宜是很愉快的，每次卖掉赚钱的股票你都觉得自己是炒股天才，想上酒店庆贺一番。你总是试图重复这类愉快的经验。所以我们看到新手赚钱时通常只赚小钱。

话又说回来，如果你知道5元的股票会升到15元，你也绝不会提早离场的。问题是你不能确定。这便涉及股票运动是否正常的判定问题。在这里要强调的是：只要股票运动正常，便必须按兵不动。在很多炒股高手的经验中都特别指明，他们炒股的秘诀不是怎样思考，而是在买对了的时候能够按兵不动。这是很难的一件事。你要克服对脱手获利的冲动。巴菲特持有可口可乐的时间超过30年，其间可口可乐的股价涨跌起伏都没有能打动这位股神的心，其伟大也许正在于此。

另一点要强调的是：如果你确定股票运动正常，你的胜算很大，这时你应该在这只股票上适当加大下注的比重。如果你的制胜概率是60%，你下10%的注，但如果经验告诉你这次的制胜概率是80%，你就应加注，从10%提高到30%甚至50%。

第2课　成功投资者所具有的共性

1. 要有成为投资专家的欲望

无论做什么，没有欲望是不可能成功的。缺少欲望，你会在碰到些小困难时就打退堂鼓。股友们或许会说："我欲望很强烈，我很想在股市发财。"真是这么回事吗？美国在今天有超过3 000万的股民。华尔街曾经对一般的股民做过调查，其结果是惊人的：80%的股民入市并非以赚钱为主要目的！炒股是金钱游戏，一个绅士们玩的游戏，股民们入市的主要目的是参加这一游戏。你所有富有的朋友都在炒股，你必须成为他们中的一员，这样在大家的闲谈中你也成为"成功人士"的一分子。每个人都有或多或少的赌性，股市提供了满足赌性的场所，它给你日常烦闷的生活带来活力。问问你自己，是否也是因这些原因进入股市的？再问一个问题：为了买家里需要的那台2 000元电视机，你跑了几家商场并作了比价？找了多少有关资料？问过多少人？做了多少研究？昨天你花20 000元买了那只股票，你又做了多少研究，找了多少资料？你买股票下的工夫是买电视机的百分之几？必须指出：欲望必须由努力做基础，否则只是白日梦。

股神巴菲特每天必做的功课是阅读五份财经类报纸，每买进一只股票前自己必须研究该公司连续三年的财务报表和该公司所在行业的研究情报，让自己比绝大多数人更深刻地了解该公司。中国民间的投资高手林园，现在定居在北京香山脚下，他在选择每一只股票之前都要到该企业进行实地考察，下的工夫比一般的投资人要多得多。上海的民间投资高手殷保华，是资深的老股民，初入股市时也曾一败涂地，之后四处拜师学艺，业余时间读遍了市面上所有的投资类书籍，终于谱写出上海滩的一段投资传奇。

上面这些真人真事，告诉我们炒股盈利不是碰运气，不是豪赌，而是要靠专业知识和技术的积累，以及勤奋扎实的长期努力，绝对不是好逸恶劳者的寄生手段。

2. 必须具备锲而不舍的精神

锲而不舍是句很容易说但很难做到的话。记得美国前总统柯立芝有句名言："这个世界充满聪明而失意的人，受过良好教育但成日感叹怀才不遇的人……他们有个共性，缺少锲而不舍的精神。"什么是锲而不舍的精神？它是在忍无可忍的时候，再忍下去的毅力！如果谁认为他能在股市一炮打响，一飞冲天，他准是在做白日梦。就算他运气好，一进场就捞了一笔，这笔钱来得容易，但它只是股市暂时借给他的，他如果不即刻上岸，股市迟早会向他讨回去。想从股市不断赚到钱，你必须有知识，有经验，你必须成为专家。

在此不妨和读者分享成功学大师拿破仑·希尔在他的不朽名著《思考致富》中的一句话："当财富来到的时候，它将来得如此急，如此快，使人奇怪在那艰难的岁月，这些财富都躲到哪里去了？"这句话和孟夫子的名言"天将降大任于斯人也，必先苦其心志，劳其筋骨，饿其体肤……"有异曲同工之处。

成功来得太容易，它通常不会持久。这个世界有太多的地方能让头脑发热的人摔跤，而且你永远猜不到在什么地方摔跤。因为成功若来得太容易，人往往不知福，不惜福，忘了自己是谁！黎明之前总是最黑暗的，你能熬过这段时间，你才能看到光明。请记住：成功的秘诀不外乎是"在忍无可忍的时候，再忍一忍"。

3. 要有"与股市斗，其乐无穷"的气派

所有成功的投资者对市场及其运作都有极大的兴趣，他们喜欢市场所提供的挑战，有强烈的欲望要战胜这一市场。

吸引他们在这一市场搏斗的不是金钱，不是名誉，不是快速致富。金钱只是他们玩股票游戏成功后的奖品。对一般人而言，他们进市场的目的是为了赚钱，这一期望使他们在这行成功的概率变得很低。因为这一期望使他们难以维持冷静的观察力，他们没有耐性等待必然的结果。一位成功的炒手必须如一位成功的商人，正确地预见未来的需求，适时进货，耐心地等待盈利的时刻。

4. 要甘于做孤独者

几乎所有成功的投资者都是孤独者。他们必须是孤独者！因为他们常要做与众不同的事。

无论是低买高卖还是高买更高卖，他们都必须维持独立的思维，为了与众不同所以做和大众相反的事是极其危险的。他们必须有合理的解释为何大众可能不对，同时预见采用相反思维所将引致的后果。这是他们与众不同时所需的信心。从孩提时代，我们就深知合群从众的重要性。胡思乱想，奇怪的主意，使你失去朋友，受到嘲弄。长期以来，我们已习惯于"集体思维"。但炒股需要不同的思维方式。如果股市大多数人都看好某股票，他们都已按自己的能力入场，还有谁来买股使股市继续升得更高？反之，如果大多数股民不看好股市，他们都已经脱手出场，那么股市的继续下跌区间也已不大。你如果随大流，则你将常常在高点入市，低点出市，你将成为失败者。

当然，何为大多数股民看好大市或大多数股民不看好大市是很难计量的。你主要通过研究"股市"来得到答案。这里强调的是思维的方式。你从小学习的那些讨人喜欢的性格，如听话、合群、不标新立异等等都成为炒股成功的障碍。

5. 必须具有耐心和自制力

耐心和自制力都是听起来很简单但做起来很困难的事情。炒股是极其枯燥乏味的工作。读者会嘲笑我的说法，说："我炒过股，我觉得极其刺激好玩。"这是因为你把炒股当成消遣，没有将它当成严肃的工作。我是围棋爱好者，我觉得围棋很好玩。但问问那些以下棋为生的人，他们一定会告诉你成日盯谱是多么的枯燥单调。其中的道理是一样的。每天收集资料，判断行情，将其和自己的经验参照，制定好炒股计划，偶尔做做或许是兴奋有趣的事，但经年累月地重复同样的工作就是"苦工"。你不把"苦工"当成习惯，你在这行成功的机会就不大。

因为炒股是如此的单调乏味，新手们就喜欢不顾外在条件地在股市跳进跳出寻找刺激。在算账的时候，你自然明白寻找这一刺激的代价是多么高昂。你必须培养自己的耐心和自制力，否则想在这行成功是很难的。

看过狮子是怎样捕猎的吗？它耐心地等待猎物，只有在时机及取胜机会都适合的时候，它才从草丛中跳出来。成功的炒手具有同样的特点，他决不为炒股而炒股，他等待合适的时机，然后采取行动。

等待时机也如种植花草。大家都知道春天是播种的季节，无论你多么喜欢花，在冬天把种子播入泥土将会是什么结果是很清楚的。你不能太早，也不能太迟，在正确的时间和环境做正确的事才有可能得到预想的效果。不幸的是，对业余炒手而言，往往不是没有耐心，也不是不知道危险，他们也知道春天是播种的时机，但问题是他们没有足够的知识和经验来判定何时是春天！

这需要漫长且艰难的学习过程，除了熬之外，没有其他的办法。当你经历了足够的升和跌，你的资金随升跌起伏，你的希望和恐惧随升跌而摆动，逐渐地，你的灵感就培养起来了。

6. 必须有一套适合自己的炒股模式

炒股高手只有在股票的外在条件（包括基础分析、技术分析及股票大势）符合自己的作战计划时才采取行动。俗话说：条条道路通罗马，这里的"罗马"就是积累的财富，成为股票游戏的胜利者，而"道路"就是你自己的方法。什么道路并不重要，重要的是这条道路必须符合你的个性，你走起来轻松愉快，你有信心能走远路。在这基础上你才会对自己的方法有信心，最终不断完善自己的方法以取得最高效率。

7. 必须具有超前的想象力及对未来的判断

这并不是说优秀的投资者具有一般人所不具备的第六感，而是他们有能力从繁杂的信息中理出头绪。大多数人注重于今天发生的一切并假设今天发生的一切会不断延续，但优秀的投资者会看得更远一步，预想在什么情况下今天的情形会停滞甚或产生逆转。他们并不较一般人聪明，但他们独立思考，不拘泥于成见。当他们看到改变的苗头，立即采取行动，决不拖泥带水。

8. 成功的投资者决不幻想

一旦你把资金投入某只股票，按原来的预想，这只股票的运动不对，你会怎么办？一般人常常想象出各种理由把这一不正常的运动"合理化"。这种为避免割肉痛苦的合理化假设是极其致命的。这也是许多有一定经验的炒手最终不得不举手投降的主要原因。一位成功的投资者决不让情感左右自己，有的话程度也很小。无论割肉认错是多么痛苦，他们决不迟疑。他们明白，让这样的情况延续只会带来更大的痛苦和损失。业余炒手很少问自己一个问题："假如我今天手边有钱，还会买这只股票吗？"就是问了，也会找成堆的理由来安慰自己：隔壁老王说这只股票的下跌只是暂时的、卖出股票要手续费，等等。一句话，业余炒手想方设法不去止损。

9. 要有应用知识的毅力

怎样才能减肥？答案其实只有四个字：少吃多动。减肥的知识是如此简单，减肥应是轻而易举的事吗？事实正好相反。美国有个统计，一百人参加减肥训练，只有十二人降低了体重，其中只有两人将体重降低持续一年以上，即2%的成功率。减肥失败的原因不是因为学习减肥多少困难，而是因为大多数人缺少每天应用这些知识的毅力。你很想吃一块蛋糕，但你知道这一块蛋糕下肚子，锻炼一天的效果就泡汤了。你忍得住吗？你定好计划，每天吃什么，锻炼多少时间，你坚持了多久？

炒股也是一样，任何对炒股有一定认识的人，都明白炒股所需的具体知识少得可怜。股票只有两条路可走，不是上就是下。股票走的就是这种升或落的轨迹。股价走势就是这么简单，甚至不识字的也可以在股市露一手。股票的引诱力也人所共知，你如果做得好，前景大大的光明。这样的行业，成功率却低于减肥！为什么？因为人们常常做不到自己知道该做的事情！

人们都知道诚实是取信于人的不二法门，有多少人做到了？我欣赏王安先生的话："我可能没有把我知道的全部告诉你，但告诉你的，全部是真的。"我们都知道"贪"是受骗的根源，有多少人做到了"不贪"？报纸上天天讲的骗人和被骗的故事都是怎么发生的？我们都知道努力是成功的基石，大家都想成功，有多少人做到了"努力"？或许有人认为每天工作八小时就已很"努力"了，这未免太简单了些。我们都知道应该"当天的事情当天做完"，有多少人做到了？这样的例子有很多很多。这些都是不难做到的事，需要的是在行动上的应用，但大多数人都失败了。

一位成功的投资者，他应十分留意怎样将他的知识应用在炒股中，他不会为应用这些知识的枯燥而忽略细节。在日常生活中，获得知识通常并不困难，困难在于用毅力应用这些知识。在炒股问题上，我是坚信"知易行难"之说的。

第3课　炒股原则永不过时，因为人性不会改变

炒股是老行业。在华尔街，一百年前流行的是火车股、钢铁股，接着流行收音机股、电视机股，后来流行的是电脑股、网络股……每种股票的兴起都代表了新的行业和人类文明的进步。在这千变万化的股市历史万象中，唯一不变的是股票的运动规律。和百年前甚至更早时期的先辈一样，现代人有着同样的贪婪、恐惧和希望，一样在亏损时不肯割肉，一样满足于小利而在股票的牛市中途退席。当年的股市充满小道消息，今天的股市还是充满小道消息；当年有公司做假账，今天也有公司做假账。

巴鲁克是20世纪30年代著名的炒家。从华尔街赚够钱后成为罗斯福总统的财经顾问。他自传的前部分讲的便是他的华尔街生涯。他父亲是位著名的医生。他刚进华尔街，父亲给了他10万美元，那时这可是一笔巨款。可这10万美元只撑了三年。他告诉父亲已亏光10万美金的时候，期待父亲的狂怒。但他父

亲没有狂怒，只给了他信任的目光，又给了10万美元，告诉他这是家里最后的资产了。在第六年的时候，他第一次一笔赚到6万美元。在自传中，他说他明白自己从此完成了炒股的初期教育，他不再是"妄想"在华尔街生存，而是"知道"能在华尔街生存。他在自传中充满着对父亲的崇敬。

像巴鲁克这样的前辈们和他的前辈们，用他们的经验写下了一条条的家训，即想在股票投资这行当里生存和成功所必须遵循的原则。这些原则，一百年前适用，今天适用，一百年后一样适用，因为人性不会改变。

华尔街一代新人换旧人，每人都希望他的存在能在历史上留下一笔，各种各样的格言警句如恒河沙数。令我惊奇的是，华尔街在近半个世纪已没有出现新的"家训"。有人出了些新的规则，仔细读之，只不过用新文字把老的家训重述而已，换汤不换药。

笔者在这里将实践中证明最为重要的规矩整理出来。这些规矩已由很多人的实际操作证明可以遵循且非常有效，希望读者们能牢牢记住它们，在心理上先强大自己。

1. 止损，止损，止损！

我不知道该怎样强调这两字的重要，我也不知道还能怎么解释这两个字，这是炒股的最高行为准则。你如果觉得自己实在没法以比进价更低的价钱卖出手中的股票，那就赶快退出这行吧！你在这行没有任何生存的机会。最后割一次肉，痛一次，你还能剩几块钱替儿子买奶粉。

2. 分散风险

做这行需要有赌性，但不能做赌徒。如果你在这行玩刺激，手手下大注，梦想快快发财，那你迟早翻船说再见，而且速度会较你想象快得多。你有十次好运，第十一次好运不见得会落在你头上。记住：你只能承担计算过的风险，不要把所有鸡蛋放在一个篮子里。把手头的资本分成五至十份，在你认为至少有1：3的风险报酬比率时把其中的一份投入股市，同时牢记止损的最高生存原则，长期下来，不赚钱都难。新手的错误是太急着赚钱，手手都要豪赌，恨不得明天就成为亿万富翁。中国"财不入急门"的古训，在这行真可以说是字字珠玑。

3. 避免买太多股票

问问自己能记住几个电话号码？普通人是100个，你呢？手头股票太多时，产生的结果就是注意力分散，失去对单独股票的感觉。我一直强调，你必须随时具备股票运动是否正常的感觉，在此基础上才有可能控制进出场的时机。买一大堆类别不同的股票，恨不得挂牌的股票每只都买一些，是新手的典型错误，因为注意力将因此分散。将注意力集中在3~5只最有潜力的股票，随着经验的增加，逐渐将留意的股票增加到10~15只。我自己的极限是20只股票。读者可以试试自己的极限何在？但在任何情况下，都不要超出自己的极限。

4. 有疑问的时候，离场！

这是条很容易明白但很不容易做到的规则。很多时候，你根本就对股票的走势失去感觉，你不知它要往上爬还是朝下跌，你也搞不清它处在升势还是跌势。此时，你的最佳选择就是离场！离场不是说不炒股了，而是别碰这只股票。如果手头有这只股票，卖掉！手头没有，别买！我们已经明了久赌能赢的技巧在于每次下注，你的获胜概率必须超过50%，只要你手头还拥有没有感觉的股票，表示你还未将赌注从赌台撤回来。当你不知这只股票的走势，你的赢面只剩下50%。专业赌徒决不会在这时把赌注留在台面上。

别让"专业赌徒"四字吓坏你，每个生意人其实都是专业赌徒。你在学习成为炒股专家，对自己的要求要高一些。这时出现另一问题。炒过股的朋友都会有这样的感觉："当我拥有某只股票的时候，我对它的感觉特别敏锐，股市每天算账，它让我打起十二分的精神，如果手中没拥有这只股票，我对它的注意力就不集中了。"我自己有同样的问题，我的处理方式就是只留下一点股票，如100股。如果亏了，我就将它当成买药的钱，权当我买了帖让注意力集中的药。

5. 忘掉你的入场价

坦白地讲，没有三五年的功力，交过厚厚的一大沓学费，要你忘掉进价是做不到的，但你必须明白为什么要这么做。今天你手中拥有的股票，按你的经验，明天都应该会升。如果经验告诉你这只股票的运动不对了，明天可能会跌，那你把它留在手中干什么？这和你在什么价位进价有什么关系？之所以难以忘掉进价，这和人性中喜赚小便宜，决不愿吃小亏的天性有关。如果这只股票的价位已较你的进价为高，你脱手会很容易，因为你已赚了便宜。若低的话，你须面对"吃亏"的选择！普通人会找一百个"理由"再懒一会儿。朋友，"再懒一会"的价钱很高的。人很难改变自己的人性，那就试着忘掉进价吧！这样你就能专注于正确的时间做正确的事。

6. 别频繁交易

我开始专职炒股的时候，每天不买或卖上一次就觉得自己没完成当天的工作。我以炒股为生，不炒不就是没事干？这可是我的工作啊！结果我为此付出了巨额的学费。

当经验累积到一定地步，你就会明白股市不是每天都有盈利机会的。你觉得不买不卖就没事干，缺少刺激，代价是每次出入场的手续费。除了手续费之外，每天买卖都带给你情绪的波动，冲散了冷静观察股市的注意力。可以这么说，在你留意跟踪的股票中，每天都有70%胜算的交易机会是骗人的。频繁交易常常是因为枯燥无聊。频繁交易不仅损失手续费，同时使交易的质量降低。

7. 不要向下摊平

犯了错，不是老老实实地认错，重新开始，抱着侥幸心理，向下摊平，把平均进价降低，希望股票小有反弹就能挽回损失，甚至赚钱。这是常人的想法和做法，在这行则是破产的捷径。英国的巴林银行就这样完了。上海石化在美国挂牌上市，1997年最高曾达到每股45美元。从45美元跌到35美元，很低了吧？是不是再补上2 000股？再跌到25美元，你准备怎么办？还往不往下摊？结果上海石化一路跌到每股10美元。作为股票投资人，这样的好戏只要上演一出，你就全部被套牢，等它升回45美元？或许有可能，但这是两年后还是二十年后才会发生的事则谁也说不清！如果永远不回去呢？这样被烫一次，你将不再有胆量继续炒股。假如幸运地市场给你一个解套的机会，你会马上套现把钱放在米缸里，还是天天摸到钱放心。再见了，又一位交了学费毕不了业的学股人。

不要向下摊也可有另一种说法：第一次入场后，纸面上没有利润的话不要加码。纸面有利润了，表示你第一次入场的判断正确，那么可以扩大战果，适当加注，否则即刻止损离场，另寻机会。读者请静下心来思考一下为什么，道理其实很简单。

也许有人不服气，我已有十次向下摊平都摊对了，它确是解套良方。但你还未告诉我你第十一次、第十五次的结果！你敢保证它们不会是王安电脑（王安电脑曾是美国第二大电脑公司，现已破产）？对炒股老手来讲，可以有很多例外。其中之一就是股票在升势时，任何点都是好的入场点，碰巧你一入场，股票开始正常下调，在下调结束回头的时候，你可以考虑再进点股，就算进价较你第一次进价为低也没有关系。这样做的思想基础不是为了解套，而是你"知道"股票的升势还在继续。只有将炒股武艺练到"无招"地步的炒手才可以考虑这么做，没有三五年的经验莫谈。新手们谨请记住：不要向下摊平！

8. 别让利润变成亏损

这条规矩的意思是这样的：你10元一股进了1 000股，现股票升到12元了，在纸面上，你已有2 000元的利润。这时要定好止损价，价格应在10元之上，比如说10.5元或11元，不要再让股票跌回9元才止损。你如果炒过股，就会明白当股票从10元升到12元，却让它跌回9元，最后割肉止损，其感觉是多么令人懊恼。你会觉得自己太愚蠢了！任何时候你如果有自己蠢的感觉，你一定做错了什么！把止损点定在11元，卖掉时算算还赚到钱，这和在9元时不得不割肉的感觉肯定是不一样的。这还牵涉炒股的第一要务：保本！在任何情况下，尽量保住你的本金。

有些读者会问：股价是12元，把止损点定在11.9元，这样不就能保证赚得更多，数钱时更开心吗？说得不错，但实际上不能这么做。股票波动一毛钱的时间有时不用两分钟，一旦你出场了，股票可能一路冲到15元，你就失去赚大钱的机会了。把止损点定在10.5元或11元，你给股票10%左右的喘息空间，一只正常上升的股票，不会轻易跌10%的。

9. 跟着股市走，别跟朋友走！

这条规矩的简单解释就是：别跟朋友买或卖，要按市场情况来买卖。我在交易大厅常常听到："你今天进了什么股票？我想跟你进点。"每次听完我都觉得好笑，因为它总让我想起三个瞎子在前探路，然后一列跟着两位瞎子，三人排成一列。第一个瞎子就不管了，反正大家都看不见。而三个眼睛好的行人往往是排成一行走，你走你的，我走我的，还方便聊天，碰到石头水沟时大家各自知道怎么避开。他们也有一列走的时候，那时他们走的路一定是最通畅的。

一个真正懂炒股的人通常不愿别人跟着买，因为你可以跟我买，但我要卖的时候你不知道，结果可能害了你。如果卖股票时还要记着通知你，心理负担多大。亏的话怎么办？

朋友，下点工夫，研究股票的运动规律，学着选择买点和卖点。想跟朋友买卖不要紧，掂掂他是什么材料。喜欢你跟着的通常本身是瞎子，瞎子喜欢带路。

该卖股票的时候，要当机立断，千万别迟疑！

股票波动从来花样百出，它在跌的时候，总会不时给你个小反弹，给你一线希望，让你觉得跌势已开始转头。股票重新下跌，你原来的希望破灭，准备割肉放弃时，它又来个小反弹，重新把你拴住。开始小小的损失，经过几个这样来回，变成了大损失。这就是已学会"止损"的股友还会亏大钱的原因。

止损的概念不要只体现在你的本金上，也要包括利在内。10元买进1 000股，花了10 000元的本，升到15元，你手头就有15 000元了。别把5 000元仅当成纸面利润，不信的话就把股票卖掉，存入银行，看看多出的5 000元是真钱还是假钱。定好了出场价，当股票跌到这点时，不要幻想，不要期待，不要讲理由，即刻卖掉再说。

10. 别将"股价很低了"当成买的理由，也别将"股价很高了"当成卖的理由！

一位华尔街炒股高手手里至今还有只股票，交易符号是ihni，公司开养老院。五年前它从15美元跌到5美元，他觉得股价很低了，花了5 000美元进了1 000股。现在的牌价是0.25美元。他的5 000美元只剩下250美元。该高手对这只股票一直没有采取止损，当年是"不肯"，今天他用它来提醒自己："你永远不知股票会跌到多低！"因为人是很健忘的。

很多新手们特别喜欢买低价股，这里的低价是指股票从高价跌下来，如40美元跌到20美元。这样的想法或许是源自日常生活，衣服从40美元降价到20美元，那一定是便宜了。把这样的习惯引申到股票，自然而然地找"减价股票"。很不幸，你用选衣服的方法选股票，在这行就死定了。股票从40美元跌到20美元，通常都有它的内在原因，你用什么断定它不会继续往下跌呢？英文有句话是这么说的：别试着去接往下掉的刀子，它会把你的手扎得血淋淋的！所谓炒手，最重要的是跟势，股票从40美元跌到20美元，明显是跌势，你不能逆势而行。当然，要是股票从40美元跌到10美元，现在又从10美元升到20美元，那就是两码事了。

一位新手在发现他买进的股票升了时，会很兴奋，也惴惴不安，生怕市场把好不容易借给的利润又收回去。成日脑海里盘旋的就是"股票是不是升到顶了"、"还是别贪了，快快卖吧"的念头。这里要提醒读者的就是：别将"股价很高了"当成卖的理由，你永远不知股票会升多高。只要股票的升势正常，别离开这只股票。记住前面提到过的华尔街格言：截短亏损，让利润奔跑！

11. 定好计划，按既定方针办

入股时，认清你的风险和回报各是什么。若市场未按你预定的轨道运行时怎样应变？最好写下应变的策略。特别对新手而言，入市几天后，自己都记不起入股时是怎样想的。如果你的止损是10%，10元进货，升到15元，止损点就定在13.50元，没什么价钱好讲的，股票跌到13.50元就说再见。如果你的原计划是10元入股，15元卖出获利，那么股票升到15元时就坚决卖出，不要犹豫。虽然我强调在这行最好不要预定获利点，但你如果有这样的计划，就照做。做股票的方法实际上没有什么对或错，关键是你需要找到适合自己风险承受力的方法，且坚决按照这个方法去做。随着经验的增加，你会不断改变自己的方法，这就如螺旋一样，转了一圈，你似乎还在原位，但其实你已经高了一层。方法可以修改，也必须随着经验的积累而修改，重要的是在任何时候，都必须有个方法且用它来指导你的行动。

新手们最易犯的错误之一就是缺少计划。觉得这只股票跌得很低了或某人说这只股票好就买进。买进后怎么跟踪就没有头绪了。什么情况下止损，什么情况下获利，一问三不知。你若也是其中一员，赶快学着定好自己的计划。股市这所学校的学费是很贵的。

12. 市场从来不会错，你自己的想法常常是错的

多少次，你拍着脑瓜子叫："见鬼，无论从什么角度分析，这只股票都没有理由再会跌的，它很快就会反弹。"我朋友来问股票，都会一条条列出他们的分析，最后认定这只股票升到顶了，那只股票跌到底了。我无法证明其对错，通常我只建议你若想买那就买吧，但若股票又跌了10%，即刻脱手。如果你想卖，那就卖吧，反正不卖你也睡不着。

华尔街很多著名的专家，在这条上都翻了跟斗。人一旦出了点名，名声就重于一切，他们认为股票要升，不升怎么办？结论自然是市场错了，市场还未体验到这只股票的价值。结果是专家们一个个从宝座上跌下来。这样的故事非常之多。越聪明的人，越容易自以为是。他们在生活中的决定通常正确的居多，有些是开始不对劲，但最终证明他们是正确。但在股票这行，或许最终他们确实是正确的，但在市场证明之前，他们或许早已剃光头回家了。不要自以为是，不要有虚荣心，按市场给你的信息来决定行动计划，一有不对即刻认错，这才是股市的长存之道。

第4课　影响盈亏的三个心理因素

1. 恐惧

我们有恐惧，就如同孩童害怕受到火的伤害，恐惧使孩童不敢再去玩火。这就是对身体伤害的恐惧。我们害怕战争，因为战争摧毁生命和财产。我们从小教导小孩要"听大人话"，"听话"逐渐成为价值观念的一部分，我们认为这是"正确"的价值观。待我们长大后，自己成了大人，我们自然地将"听大人话"升格成"听领导的话"、"听专家的话"、"听权威的话"。小时候"不听话"时所受的责罚使我们恐惧日后不听"上一级"的话会导致的后果。

我们恐惧亏钱，小时我们用金钱交换糖果，交换衣服，我们知道失去金钱就失去交换这些令人愉快的物质的媒介。所以我们在股市也不愿亏钱，恐惧使我们不能止损。

恐惧是有传染性的。听到战争的时候，人人都充满恐惧，虽然远离战场的普通百姓，受到身体伤害的可能性其实很小，但因大家都恐惧，所以我们也恐惧。在股市上，熊市来了，股民们开始恐惧，我们也随其他股民的恐惧而恐惧。事实是当普通股民感到恐惧的时候，熊市通常已接近尾声。但我们没有胆量在这个时候逆大众心理而动，恐惧使我们在应该进场的时候反而出场了。

恐惧有很强的记忆能力。你如果在股市经历了一个可怕的亏损，你将恐惧同样的经历会重新出现。在下次投资的时候，你的判断力就会受到这个经历的影响，任何可能有麻烦的迹象，无论这迹象是多么小，多么的基于想象，你都将作出离场的决定，以避免再次受到伤害。这就是炒手们常常过早离场的原因。应该获利50000元的机会，你可能只得到5 000元。上次你有了赚钱股票以亏钱收场的惨痛经历，你这次要避免同样的伤痛，什么走势、大市、分析等你都顾不得了。

一般的人同样恐惧不随大流。我们这代人都经历了"文革"，回头想想，可能觉得自己当年很愚蠢。但身在其中，当时有多少人怀疑批判刘、邓的正确性？股市出了热门股，人人都在追捧，你有能力抵抗诱惑吗？你对"未随大流"的恐惧和失去"赚大钱"机会的贪婪常使你在股票的最高点入股。

2. 贪婪

贪婪是情绪反应的另一极端，它在股市上的表现就是在最短的时间内赚很多的钱。

钱哪里有够的？在日常生活中，你听说过有人嫌工资太高、福利太好的吗？无论得到什么，得到多少，你总会编出理由来证明你应该得到更多。这一方面出自人这种动物对争夺生存资源的自然反应；另一方面源自对自己的无知，对外界的无知，所谓缺乏自知之明。在股票投资上，这种情绪是极其有害的。

首先，它会使你失去理性判断的能力，不管股市的具体环境，你无法让钱闲着，你勉强入市。不错，资金不入市不可能赚钱，但贪婪使你忘记了入市的资金也可能亏掉。不顾外在条件，不停地在股市跳进跳出是还未能控制自己情绪的股市新手的典型表现之一。

贪婪也使你忘记了分散风险。"老子这注搏大了！"肚子里美滋滋地想象着如果这只股票翻两倍的话你能赚多少钱，忽略了股票跌的话怎么办？新手的另外一个典型表现是在加股的选择上。你买了300股10元的股票，如果升到15元，你开始在肚子里嘀咕：如果当时我买1 000股该多好！同时你开始想象股票会升到20元，你即刻多买3 000股，把你的绝大部分本金都投入到这只股票上。假设这时股票跌了1元，你一下子从原先的1 500元利润变成倒亏1 800元。这时你失去思考能力，希望开始取代贪婪，你希望这是暂时的回调，它很快就会回到上升之途，直升至20元。你可能看到亏损一天天地加大，你每天都睡不好。

这里不是说加股就是不对的，而是说情绪性地加股是不对的，特别在贪婪控制你的情绪之时。你是否被贪婪控制，自己最清楚。

话又说回来。如果你原先的计划就是先用300股来试市场，你很清楚何时加股，应加多少，情况不对的时候何时退场，你将不会有焦虑失眠等问题。总之，因为部分胜利而引发贪婪，情绪化地用贪婪引导行动，它将引致灾难。

3. 希望

股票不断爬升，你终于等不及了，你进场了，希望股票会继续升。不幸的是，一旦你进场，股票开始下跌，你的账面损失一天天在增加。自然地，你希望股价能回升到你入市的价格，让你全身而退。这种希望是阻止你进行理性思考的障碍之一。

一旦怀抱"希望"，你每天都在寻找对你有利的信息，忽略对你不利的信息。就如同一般人对表扬常记于心，把批评当耳边风一样。你每天都在希望股票做对你有利的运动，而不是客观地判断市场。

希望可以定义成"对某种事物的期待"。成功的投资必须基于对今天和未来所发生的事件对股价的可能影响做出理性判断，"希望"在这个判断过程中不应占有任何地位。股票的运动决不以你的希望为转移，它会走自己的路。别忘了你买的股票都是其他人卖给你的。你有一定的期望，至少有相同的人持有相反的期望。没有理由认为股市对你特别偏爱。每次进的股票开始亏钱，你必须很严肃地问自己：我原先买这只股票的理由对吗？再进一步问自己：如果我今天没有这只股票，手上有余钱，我还会买这只股票吗？如果答案是肯定的，没有卖出的必要；如果是，那么你在用希望取代理性判断，赶快卖股走人。这样做有两个明显的结果：一是防止小的亏损慢慢累进成致命的大亏；二是你扔掉了包袱，容易开始新的市场观察，寻找下一个机会。

以上我们讨论了三个影响我们做决定的三个心理因素，是不是就完全了呢？当然不是！但可以这么说：这三个心理因素将影响炒股犯错达99%以上。了解了这些心理因素，我们就有了借鉴的根据，为什么我们定好的计划在执行中总是会出偏差？为什么我们会犯那些事后回想起来觉得不可思议的错误？这些错误如果严格执行原定计划的话是完全可以避免的。摔了跤，我们首先要明白为什么摔跤？是踏到香蕉皮还是踩到西瓜皮？其后我们才知道该采取什么措施来防止再摔同样的跤。

第5课　决胜股市的正确心态

可以说，这本书所讲的一切规则都是要帮助你克服这些影响炒股成功的心理障碍。你如果将自己训练到完全克服这些心理障碍了，你就根本不再需要这些规则，它们应自然地、随心所欲地发自内心。此时，你便从有招的业余选手进步到无招的炒股高手。但这条路是艰苦漫长的，你不仅需要战胜自然——学习炒股的知识，你还要战胜自己——克服根深蒂固的恐惧、希望和贪婪这些先天性的心理障碍，并逐渐养成正确的心态。

要成为炒股专家，真正直接有用的专业知识并不多，它比成为一位普通工程师的要求少多了。但要真正地应用这些知识，却是严酷的挑战。因为这些知识并没有严格的对错之分，其对错因人而异。人作为有智慧的动物，它的特性之一就是学习的能力。无论是炒股知识还是怎样应用这些知识，都是可以学习的。对易者，它们很容易，对难者，它们很难。你需要具备一定的素质，要有正确的心态。这些素质和心态是一般人或多或少都具备的，但具备并不够，要完美。具备只能让你有时赚到钱，只有完美了，你才会有信心不断赚到钱。这些正确的心态至少包括以下几方面。

1. 你要相信自己

自信是在任何行业成功的首要条件。你自己都不相信自己，在困难面前你会马上打退堂鼓。相信自己的能力，相信自己能够学习所需的技能且在实践上获得成果。

2. 诚实地面对自己，评价自己

无知的狂妄自大是做人失败的主要原因，失败的投资者大多认为股市欠他们什么！他们太相信自己的判断，事实和想象往往有段距离。

3. 独立的判断能力

不要人云亦云，不要大家都追捧热门股，你也追捧热门股。要用自己的经验和直觉评价一下热门股后面的理由是否站得住脚。当面对不同意见的时候，静心地思考一下对方的理由。

4. 自我督促

这行业也是多劳多得的行业，但多劳多得是长期而言，短期来说，你的努力不见得能得到与努力相匹配的结果。当成果和努力不直接挂钩的时候，一般人总是会松懈下来，这是要不得的。要想在任何行业成为专家，你都必须锲而不舍地努力。

5. 改变的能力

股票的特性在于它没有恒定的运动规律。你定好炒股计划后，必须随时观察你的计划的实施效果及这个计划是否符合你本身的风险承受力。必要时，修改你的计划。比如你原先决定只买两只最有潜力的股票，但你发现资本太过集中，晚上睡不好，这时候就必须分散风险，买四只或五只股票，直到晚上睡得好觉为止。

6. 热爱你选择的行业

你如果把炒股当成成名致富的捷径，你就犯了极大的错误。你必须热爱炒股所提供的挑战，享受你的第一个进步，在工作中得到乐趣。金钱仅仅是副产品。否则，你会失望的。

以上六点是针对炒股写的。其实，想在任何行业成为专家，你都必须具备类似的素质，你养猪种菜也不例外。否则，你就是庸庸碌碌混日子。但在炒股这行，由于金融市场的快速多变，对这些素质的要求便显得特别突出。没有自信，你对犯错的恐惧迟早将使你失去思考和做决定的能力。没有独立的判断力，随大流人云亦云，你迟早会发现自己是股票投资的失败者。不诚实地面对自己，你的决定将基于希望而不是事实。最后，你如果不是热爱这个行业，只是追求金钱，你很快就会发现炒股是多么的单调无趣，钱来得也远不如你想象的容易。你很快就会举手投降。

第6课　怎样养成正确的炒股心态

　　一位成功的炒手，必须具有正确的心态。你已明白必须建立规则，按照规则执行你的炒股计划。你知道必须相信自己，要独立思考，要自我督促，这些都是要努力控制自己的东西，要需要强迫自己去做的。只有在实践中不断重复，直到这些要求成为你的自然反应，成为你的直觉，你才有了正确的心态，这时你才真正学会了炒股。

　　你必须学习体会按规则行动是愉快的，不按规则行动是痛苦的。刚学止损的时候，亏钱总是痛苦的，不然何为割肉？随着时间的推移，你经历了小损成为大损的过程，其间的焦虑、怀疑、失眠，一次又一次，你就逐渐形成快速止损的心态。开始时定下的止损规则显得难以执行，慢慢地成为下意识的行动，一旦股票运动不对，不采取行动就寝食难安。这个过程，就是你学股的成长过程。

　　炒股需要很多和人性逆向而行的心态，这种心态首先你必须明白它！比如不愿止损、喜欢不顾外在条件在股市跳进跳出、好获小利，等等。明白了问题之所在以后，你必须下意识地训练自己不犯这些错误。就算犯了，告诫自己下次别犯同样的错误。为做到这些，你要观察，要反省。

　　观察市场，用你的知识及经验判断市场的行动及发展，做到这点的基础当然是你必须有一定的市场知识和经验。随着时间的推移，自然地，你会"感觉"到市场下一步的"方向"何在。潜意识中，你会听到一个声音："现在是买进的时候"，或者是"现在是卖出的时候"。这时你开始将这个声音和你的规则相比较。你若想买进某只股票，你开始问：这只股票处在升势吗？这家公司有没有新产品？股票的大市是牛市还是熊市？这只股票的价格变化和交易量的互动是否正常？你问自己内心中"买"的声音是源自"自以为是"还是客观的判断？

　　每次犯错，好好地分析自己为什么犯错，违反了什么规则？人犯了错，自然的情绪就是寻找替罪羊，如股票大户操纵、报纸登假新闻、公司做假账等等。这些其实在股票的运动和交易量上都有迹可循。请清楚地提醒自己：自己，也只有自己，才能对结果负全部责任！犯错不可怕，可怕的在于不承认自己犯了错，炒股是这样，做人何尝不是这样？

炒股的正确心态还必须包括专心。你要专心研究股市的规律，这需要实践。只看几本书是不够的。就如同游泳，无论你读了多少游泳的书，不下水是不成的。专心地观察股市，它是公众参与的行业，是有迹可循的。特别留意自己熟悉的股票，一段时间后，你会发现心里"买"或"卖"的声音越来越精确。

给自己这样的信心：只要我全力以赴，专心致志，我什么都能学会。你对这行了解得越多，从中得到的乐趣也越多。俗话说知识是享受，股票的知识也不例外。而且这些知识除了精神享受之外，还能提供财务上的收益。

专心是使任何行业成功的基本要求。股票是极其普通的行业，用不着很大的资本，也没有很多专门的知识。千千万万人都在这行打滚，你要做得比他们更好，凭什么？普通人每天工作八小时，你也工作八小时的话，你也只会是普通人中的一员。想比普通人站得更高，看得更远，只有依靠八小时以外的努力。

享受你所做的一切。这或许听来很奇怪，但这是事实。你一旦把炒股当成工作，它是单调辛苦的。看看你的周围，有多少人能说享受自己的工作？大多是为五斗米折腰，一天天混日子罢了。你如果每天都告诉自己："我从炒股中得到很多乐趣"，你的心态就会不一样。这不是阿Q精神，试试就知道区别了。把工作当做享受，你会更专心。我所见到的大多是玩股的，把炒股当成业余消遣，这些人永远都达不到专业的层次。

读了这么多，不去做的话，什么都没有用。这个世界充斥着满肚子幻想，但从不实践的人，也有很多埋头做事，却从不幻想的人。那些满怀理想，又努力用实践来实现这些理想的人少之又少，而只有这些人才会是生活中真正的成功者。他们每天都充满活力，为实现理想而努力，不计报酬，因为工作的乐趣已是最大的报酬，他们把每个失败和挫折都当成前进路上不可避免的障碍。从这一点来说，在股票行成功的条件与其他行毫无区别。

再看看你周围那些空虚的眼神，那些埋怨"我还没有碰到机遇"、"我这匹千里马未遇到伯乐"的"怀才不遇"者，几乎毫无例外地成日怨天尤人，搬弄是非。这些人要么从来就没有理想，要么从未想过通过努力来实现自己的理想。所有的理想随着时间的推移而消失。他们充满着对自己的不信任和深深的不安全感。

要成为哪种人？选择是很清楚的。从今天开始，从现在开始，给自己定个可行的计划，定个实现这个目标的计划，坚定不移地按计划做。只要锲而不舍，你迟早能达到这个目标。锲而不舍很容易说，也很容易教别人怎样做，但自己做起来可不一样，它所获得的结果将是惊人的。

还要提醒你，在你成功之前，你会碰到很多嘲笑你的人。嘲笑别人很容易，要自己做出些小的成就就非常困难。你仔细观察后会发现那些喜欢嘲讽人的人几乎没有例外是生活的失败者，碌碌无为地混日子者。对这些人的嘲笑，你必须一笑置之。

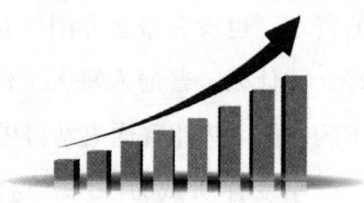

只有战胜自己，才能战胜别人

第7课　真正的爱好炒股

多数人进股市，并非发自内心的喜欢，而是无法抵挡利益的诱惑。所以，最终的结果是：真心喜欢股票的，最终成了股票的主人；无法拒绝诱惑的，最终成了股票的奴隶。

两个小男孩来到一家商店，他们买了一箱方便面，然后就地开箱拆包，把方便面里的卡片拿起来就走。店主追出来让他们把方便面带走，可是他们根本不管不顾。

姑且不去探究孩子的教育问题，我只羡慕他们义无反顾的价值取舍。"我喜欢"，就是他们的追求。他们并不做复杂的利益比较，就因为喜欢，所以就去做。孩子们的价值选择非常稚嫩，可是价值的取向清晰明了。成年人越来越现实，却因为牵挂太多反而迷失了自己的价值方向，错以物质为追求，反被金钱奴役。

股市赢家和庄家在一起的时候，总是显得那么和谐自然。但他们又分别是两种极端：一个是武断专行，一个是百依百顺。他们的和谐也许因为他们有着相近的性格：一个是喜欢自己说了算，一个是喜欢庄家说了算。

公元前三世纪罗马军队攻入叙拉古城的时候，发现一个老人正蹲在沙地上潜心研究一个图形，这个人就是赫赫有名的阿基米德。士兵要带他去见罗马统帅，他却请求士兵等他解出答案再走，士兵不耐烦了，把他一剑劈死。阿基米德临死前只来得及说了一句话："不要踩我的图！"

每个人都有自己喜欢的东西，只有对自己喜欢的东西，才会有孩童般的执著和追求。股市的本质就是给少数人带来欢乐，让多数人陷入痛苦和迷惑。而这些陷入痛苦和迷惑的就是因为不明白自己的价值追求。他们不知道自己究竟在意什么，而只是随波逐流，天天都想赚钱，结果却把自己弄得愈加疲惫。

我不由想起古希腊的苏格拉底，他丑陋无比，成年光着脚，裹着一条褴褛的长袍，在街头游说。有一次，他走过市场，看到琳琅满目的货物吃惊地说："这里有多少东西是我用不着的！"

岁月证明，那些具有孩童般的执著和追求的人更容易在股市获得成功。请扪心自问：我是否真心喜欢股市？如果只是为了几个小钱，我劝你还是趁早出去吧，等庄家"卸磨杀驴"的时候那就惨了。

属于自己的路，不管是鲜花铺地，抑或是荆棘满布，我们都应该勇敢地走下去，只要坚持走下去就有成功的那一天。而对失败的回忆，正如麻醉药的使用，用量适当，可让人镇静；用量多了，便可能危及生命。明智之举是踏着往事前行，让往事指导现在，让现在去把握未来。

第8课　认识贪婪

人活着，并且想要活得舒适一点，活得体面一点，就需要向社会索取各种符合自己需求的物质或服务。当然绝大部分人是通过自己的劳动，通过自己对社会提供商品而换取自己需要的东西。

每个人都会有合理需求，每个人也都应该通过自己的努力让自己和家人的合理需求得到满足，否则贫穷、落魄和无奈就会随之而来。

其实很多人想得到的往往超越了自己的合理需求，这超越的部分往往是多余的，往往不能给生活品质带来实质性的提高，这超越的部分是贪婪所致。对合理需求的偶尔超越或小范围超越对生活并无大碍，因为那只会让你更辛苦一点而已。但还有一些人不管得到多少都不感到满足，想要的永远是更多、更多、再更多，那么，对他们而言，索求无度将成为一种负担，最后，贪婪本身成为一种需求，而且这种需求将永远得不到满足。

因为人性有着贪婪的倾向，所以每个人多多少少都有一点贪婪之心，特别是对金钱的渴求，大部分人都会带点贪婪本性，都想得到超出自己需求的财富。

    在资本市场，人们对财富的贪婪表现得淋漓尽致，华尔街的贪婪就像会传染的病毒一样传播给了全球，最终导致次贷危机的爆发、金融海啸的袭击和全球经济的衰退。

    在很多人的实际投资中，对财富的贪婪更表现得淋漓尽致，多少人希望账户资金一个月内就涨个50％甚至更多，多少人向往着财富神话降临在自己身上，多少人希望下的每一笔单子都能大赚，多少人因为贪婪变得不再理性而把投资变成了豪赌……当然，这些人都因为贪婪而大幅亏损或正在走向亏损。

贪婪的人把理性的投资变成了豪赌

第9课　正确看待欲望

    欲望是面包，贪婪是魔鬼。人要有欲望，但不能贪婪。饥饿的时候应该满足自己，让自己吃饱；但是每顿饭都想吃鱼翅就不应该了，即使你有能力这么吃。

    因为我们有欲望，我们想生活得更好，我们想让家人和朋友得到更多、更加幸福，所以我们努力工作、不断寻求突破。有欲望才会不断进步，才能取得非凡的成绩。凡事业有成的人，有哪一个是清心寡欲的呢？

因为人类有欲望，文明才得以产生和发展，所以世界在加速进步。如果没有人想跑得更快，汽车就不会诞生，可能连自行车都不会存在；如果没有人想要飞上天空，现在能飞翔的依然只有鸟类。

贪婪是欲望以外的，贪婪是对欲望的无限放纵，贪婪所追求的事物本不该属于你。有些东西虽然你可以得到，也不能毫无克制，比如你喜欢吃糖，每天吃1 000颗都吃得起，但要是真的每天吃1 000颗，你的牙齿肯定受不了，即使牙齿受得了，胃也受不了；有些东西你得不到，那就更不能非要不可，比如你面前有取之不尽的黄金，你一次能拿走多少就全归你，那么拿80斤、100斤或许可以，想得到1 000斤、10 000斤是不可能的。

欲望让人努力、使人进步，但贪婪却只能使人犯错误甚至犯罪。贪婪最大的魔力在于能让人放纵自己、迷失自己甚至毁灭自己。向银行抢劫1 000万元的犯罪分子真的需要1 000万元这么多吗？也许他每个月努力一点工作，挣个万儿八千就能把日子过得很好。

所以，时常要把欲望放出笼子，让它多透透气，让它促进你的正向发展；但同时我们必须要把贪婪看管好，把它牢牢地锁在心底，任何时刻都不要让它跑出来为非作歹、害己害人。

在投资中，我们说想赚钱是欲望，而每次都想赚大钱就是贪婪。

你把辛辛苦苦劳动所得的积蓄拿出来做投资，肯定不是为了亏钱，想赚钱是最正常不过的心理，投10万元下去总想有12万元、15万元收回，没有人一开始就想着收回8万元、5万元就行了。只有想赚钱的人多了，资本市场才得以存在，金融体系才得以延续，整个社会资产的优化配置才得以完成。

但是如果每一笔投资都想要有个5倍、10倍的回报，每一次交易都想着能翻倍，就显得太贪婪了。任何投资大师都无法做到每次投资都确保盈利，更不用说每笔都翻几倍了；任何交易高手都没有水平做到每笔交易都做对，更不用说每次都翻番了。更何况我们只是普通人，我们若每年都能取得30%、50%的投资回报就不错了。

欲望，可以让你的投资走向成功的彼岸；贪婪，只会让你的投资处在无尽的危险之中。因为在投资中，贪婪，只会让你丧失理智，让你孤注一掷，让你前功尽弃，让你一败涂地。

第10课　克服贪婪

投资不是游戏，我们必须走稳每一步，不管是投资股票还是期货，只要我们不贪婪，严格把控风险，要做到每年30%的收益并不困难。

即便是熊市，我们也不必惊慌，只要做足功课，从不同渠道全面了解各类宏观政策、财经信息、各板块和个股的变动，做到精心选股，果断下单，并且努力克服自己的贪婪心，不要存在侥幸心理，看到所买的股票走势趋软或者掉头或者你看不懂时，那就果断平仓，见好就收，保证收益；万一一开始选股失误，也决不恋战，决不对自己的失误抱有任何幻想，必须在最早的时间果断割肉，把每次损失控制在最小的范围内（最多5%～10%）。

做股指期货投资更应注意的是：我们必须时刻提醒自己，股指期货是理财的工具，不是暴富的平台。由于股指期货的做空机制给了我们做多做空均可能盈利的机会，股指期货的T+0交易制度可以让我们在理论上随时加仓和平仓，但是股指期货的保证金交易使我们的收益放大10倍的同时也使风险放大了10倍（相对股票），股指期货浮动盈亏的每天兑现使我们可以随时用浮动盈利加仓的同时，也时刻面临由于浮动亏损过大而被强行平仓甚至爆仓的风险。总之股指期货相对股票而言，收益和风险都被放大了很多倍。因此股指期货交易中，资金的安全管理更为重要，我们更需要智慧、关注和果断，而不是贪婪和赌博。因为哪怕我们前面赌对9次甚至99次，只要最后赌输1次都可能会以失败而告终。

所以，做股指期货我们要花更多的时间关注盘面、研究技术图形和调整自己的心态（主要是控制贪婪心）。比如用30%的资金做中长线，用30%的资金做短线，40%的资金备用，无谓的试探少一些，行情明确再建仓，并在行情反向的时候及时平仓保住收益。再比如先只用10%甚至5%的资金做短线，尝试多一些也没关系，只要及时止损，损失对总体本金的比例会很小，但一旦尝试成功，找到了机会，就多加一些仓位，一下子就可以把之前亏的全部赚回来，并还有盈余。这类方式都能保证资金的安全和稳步的收益。

无论股市还是期市，资金安全是投资的生命，再大的诱惑，也不能拿生命做赌注。生命在，希望就在；安全在，财富就在。

因此，每一个投资者都要树立一个正确的、理性的、健康的理念，最重要的是适合自己的投资理念，能承担多大的风险，才去做相应的博弈。一边前进，一边留退路，坚决克服自己的贪婪心，制定严格的交易规则来确保资金的安全，只有这样才有可能成为投资市场的常胜将军。

对普通的投资者而言，由于风险的承受能力有限，不必也不应幻想每年翻几倍的收益。只要我们保证收益的稳定，即使每年只有30%的盈利，只要能够稳定持续下去，10年之后也能翻13倍多。

只有健康地活着，人才能享受生活，才能赢取人生中种种难得的机会；只有保证资金的安全，你的投资才能长久延续，才能获得财富稳定增长的乐趣。

克制贪婪这个魔鬼，否则你会被它彻底毁灭。

为了让自己活下去，并且越活越好，就从今天起，克服自己的贪婪吧！

第11课　认识恐惧来源

什么是恐惧？从心理学的角度来讲，恐惧是一种人们企图摆脱、逃避某种情景而又无能为力的情绪体验。恐惧，它远比害怕深刻。害怕是现在的，恐惧则可以针对未来和未知的事而发生。害怕大多是对一个具体对象，当你的肉体遭受攻击（如一只野兽扑来）时你会害怕，而恐惧则是你不知道什么时候会碰到野兽、会不会碰到野兽。恐惧和焦虑的情绪，可能没有具体对象，是无边无际的。

我们知道，恐惧常常来源于黑暗。就拿恐怖片来说，恐怖片最喜欢运用黑色的场景或类似"到底有什么……"的台词来表现恐惧。不同的恐怖片，隐藏的东西虽不尽相同，但是作为收纳恐怖的黑暗却是不变的。黑暗意味着未知，人类对于未知的事物总是害怕的。我们应该都有这样的体会：到了影片结尾，隐藏在黑暗中的怪物出现，恐惧感反而不及它未出现的时候。往往我们看到的恐怖片的怪兽主角未必有多恐怖，恐怖的是它未出现的时候，恐怖的是我们不知道将出现什么东西。黑暗中的东西之所以恐怖，不是因为它本身，而是因为它是隐藏着的，是一种未知的东西。因此，从中我们可以归纳出这样一个结论：如果说恐惧来源于黑暗，那么恐惧更来源于未知。

凡是我们没见过的东西，或我们的思维没有感受过、没有预料到的东西，都会增强人体的应激反应而产生恐惧。那么是不是人们对所有未知的事物都心存恐惧呢？

一般来说，未知的情况可以分为这么两类：

第一类是对没发生的事情心存恐惧，不知道将发生什么，担心它发生（甚至连"它"是什么都不知道）。比如小孩通常都很害怕被单独留在黑暗的房间，无论父母怎样安慰都无济于事。所以说，恐惧是人类一种很本源的情绪，对未发生的事情往往感到焦虑，一旦这种焦虑的情绪在程度上超过面对现实的勇气，焦虑就上升成为恐惧。

第二类恐惧的对象是已经发生的事情，但不知道它是怎么发生的、为什么会发生。如果说前一种恐惧是恐惧"What"，那么概括第二种恐惧就是恐惧"How"或者"Why"！还是拿小孩来举例（儿童思想行为的产生通常有很大的研究意义和代表性）：除上述在黑屋子里对将出现什么感到恐惧外，小孩子们也会对超出他们认知范围的东西感到恐惧。比如看到烧开的水，小孩子看到水烧滚了，在沸腾，通常也会感到恐惧，因为他们不知道水为什么会这么剧烈翻滚，这个现象超出了他的知识范围，他解释不了。这就是人们对于已经发生的事情，但不知道它为什么会发生而产生的恐惧。

当然，恐惧并不是只有消极意义，恐惧本身是一种情绪，是人类在外界未知无限而自己认知有限的无奈处境之下产生的不安全感。恐惧从一定意义上来说也是一种预警信号，是出于自我保护的本能意识。至于恐惧会造成什么样的结果，完全取决于你如何处理及运用你的这种情绪。

第12课　恐惧行情还是恐惧自己

人的恐惧与动物的恐惧最大的一个不同之处在于：动物的恐惧都是真实的对象，而人可以对心中构想的事物、对未来未知的事物产生恐惧，此时恐惧已经是主观的，变成了一种认知，而不仅仅是一种情绪。也就是说，动物的恐惧仅仅恐惧在事发之时，人类的恐惧往往在事发之前。如伏尔泰所说，动物有两点值得羡慕：一是无知，即它们对未来的不幸或困难毫无所知，对它们来说不存在无谓的恐惧；二是不在意评价，别人对它们的看法它们无从得知，更加不会在意。而这两点恰恰是人性薄弱的地方。

很多情况下，人之所以不成功是因为害怕失败，哪怕事实上他已经具备了成功的条件：运动员害怕发挥失常、推销员害怕遭到拒绝、投资者害怕判断失误……害怕失败、害怕受人嘲笑、害怕没面子，总之恐惧让我们错失很多将要成功的机会。恐惧使我们盲目，使我们拒绝整个未来，而不分是有利面还是不利面。虽然我们的出发点是害怕失败，最终却使我们也害怕成功。恐惧不但让人怀疑世界，更使人怀疑自己。最终打垮你的并非事件本身的恐怖性，而是你自己的怯弱。失败的人有许多特征，在情绪上的共性就是：对过去悔恨，对现在抱怨，对未来恐惧。

恐惧对于客观事实不产生改变和作用，是人们出于自我保护的一种本能：想要时刻保护自己的人生安全、资金安全等的强烈欲望。所谓过犹不及，当这种自我保护的心理超过征服外界环境的勇气时就产生了恐惧。

在投资领域，投资者所恐惧、所惶惑的事情和情况虽各有不同，但大致可以分为被动恐惧和主动恐惧两类：

一种是对未得利益和可能损失的恐惧。即对行情后续趋势的恐惧，不知道自己的判断对不对，不敢确定它会不会下跌，能不能上涨。这种恐惧，使人面对行情畏缩不前，不敢贸然进场。这种恐惧，是一种怯弱的表现，一方面想赚钱，一方面又害怕买进后行情下跌。在非理性的情况下，这时决定他们投资决策的，就是想赚钱的欲望与怕亏钱的恐惧心理两者之间的斗争。赚钱的欲望占上风，即使仍然恐惧，也会冒险进场；不过一旦怕亏钱的恐惧心理占了上风，纵使赚钱的欲望多强烈，也照样会偃旗息鼓，按兵不动。

以上所述那种是被动的恐惧，还有一种是主动的恐惧，是对已得利益或已有损失的恐惧。在趋势相当明显，已经进场赚了钱或亏了钱的时候，就会有另一种恐惧心理抬头。这时候恐惧的不是赚不到钱，而是怕自己资金回吐、已经赚到的钱缩水，其实是对不知道如何处理已得利益的恐惧；或者不是恐惧亏了一些钱，而是恐惧止损后错过减少损失的机会，其实是对不知道如何处理已有损失的恐惧。这种类型的已得利益投资者往往会过早离场，与后面的很大一段利润失之交臂；这种类型的已有损失投资者往往会迟迟不止损，使得损失越来越大。

我们说，世界上已存在的事物和将发生的事情很多都是我们未知的，人们害怕的往往不是事物本身，而是自己无法理解、无法处理该事物。

我们恐惧的是行情还是我们自己处理行情的能力？克服恐惧就是放下怀疑、相信世界，就是正视现实、找到方法。不管是入市前的恐惧，还是入市后的恐惧，只要我们都能找到解决的办法，恐惧何来？虽然对个体而言除了有限的事情，其他的一切都不可控，但是一切皆有因果。既然它发生了，那么必然有原因，即使我们无法知道原因何在。我们要做的不一定是找出原因，更不能是恐惧，我们要做的是按照现在的结果制定理性的战略战术。

举个很简单的例子：高利贷凭什么把钱借给你？跟你又非亲非故，凭什么相信你？其实他相信的不是"你"——说穿了，他相信的是他自己！他凭什么这么自信？就凭他是黑社会，他有能力搞定你，他不怕你不还他钱，不论你逃到哪里他都有办法把你挖出来，无论你怎么耍赖他都有办法逼你就范，所以说，他没有什么好恐惧的。要战胜恐惧，最好的方法就是做好万全的措施，不管它已发生什么，你有应对的方法；不管它将发生什么，你也有应对的方法。只要做好充分应对的准备，还有什么是值得恐惧的。

第13课　克服恐惧

如何脱离恐惧？如何战胜恐惧、获得控制恐惧的力量？是每个追求成功的人都在思索的问题。尼采说："从失败的恐惧中解脱出来——现在我终于输得起了。"这种输得起是指一开始就把失败考虑进去，并准备好承受一切挫折，它是人性成熟的标志。

卡耐基在《人性的优点》一书中提出了战胜恐惧的具体步骤：

（1）问问你自己，可能发生的最糟的结果是什么。

（2）详细地写下你的忧虑。

（3）如有必要的话，接受这种最糟的情况。

（4）写下解决这个问题的所有方法。

（5）决定哪种方法最好。

（6）立刻去做。

（7）对你认为糟糕的事情，平静地去加以改善。

这七点其实只有两个核心：做好最坏打算并且采取最优行动。很多情况下，立即去做让你恐惧的事，就是战胜恐惧的唯一法宝。

客观的恐惧是避免不了的，一个人可以摧毁心中的一切，只要他活着，他就无法摧毁恐惧。一个智慧再高的人看到正在吐舌的巨蟒、看到从未见过的天外来客照样会恐惧。但主观的恐惧是可以通过丰富经验、通过树立自信和提高认知来消除的。

美国一位有名的新闻记者琼斯，刚出道时极为羞怯怕生。有一次上司叫他去访问一个大法官，琼斯极为恐惧，连连说："不行不行，他不认识我，根本不会约见我的！"在场的另一个记者当即拿起电话就拨通对方秘书办公室："你好，我是明星报的记者琼斯，奉命采访布兰德斯法官，不知道他今天能否接见我几分钟？"吓坏的琼斯在旁边愤然大叫："你怎么能报我的名字！"这时电话那头已传出声音："一点十五分，请准时。"同事得意地耸耸肩："琼斯先生，你的约会安排好了。"琼斯一下子愣住了。"那一刻是我二十几年来学到的最重要的一课。"成名后的琼斯在回忆这件事的时候总是这么说。

所以，人要摆脱这种思维定式，前方未卜的事情不一定恐怖，也可能是成功的巨大机会。并非所有未知的事物都能产生恐惧，科学家面对未知的现象往往会感到兴奋而不是恐惧，正因为他们专注于此，对此有研究的热情，才会取得成功。恐惧往往是因为不自信，你在恐惧失败的同时也在恐惧成功。综观成功人士，他们不是比你"会"做，而是比你"敢"做，越怕行动越要行动，否则从何处积累经验？成功者往往具有坚定的信念和强烈而清晰的目标，它能抵挡一切恐惧。

但凡我们身边投资成功的人，大多都是敢于在上涨行情跟进又敢于止损于下跌行情的人；但凡我们身边投资失败的人，大多有都是在上涨中不敢跟进又在下跌中不敢止损的人。恐惧让你的投资在该前进时举步不前、在该后退时如负重担。

第14课　守住保本平常心

正如《理财周刊》的广告语所说的：你不理财，财不理你。

在CPI居高不下的年代，如果不去理财，不让自己的财富增幅高于CPI涨幅，实际上你的财富是负增长的。

当大家都在谈论炒房、炒股、炒期货的时候，当理财话题盛行于道的时候，又难免会有很多夸张到极致的"投资神话"被充满财富饥渴的人群传诵和赞美。

一时间，满天飞的都是某某投资什么，在多短的时间内资金翻几倍、几十倍甚至几百倍的"动人故事"。

笔者奉劝广大投资者不要对这些所谓的神话动心，一来这些坊间流传的财富神话，是真是假都无可考证；二来即便有这么高的投资回报，也不是说每个投资者都适合。因为高回报伴随的永远是高风险，一个人的财富神话也许是踩着一万个人的尸体爬上去的。如果你不敢承担万分之九千九百九十九失败的风险，你就不可能得到几百倍、几千倍的财富增长。

对普通的投资者而言，在资金安全的情况下，寻求财富的稳步增长才是适合自己、适合家庭理财的最高秘诀，也只有保证资金安全才是真正财富神话的起点。

资金是投资的血液，是投资的生命，只有确保血液流动，只有确保永远活着才可能发展壮大、欣欣向荣。只有给资金系上安全带，它才不会大幅缩水，更不会死于非命。

确保资金安全的重要意义在于两点：一是当投资市场危机重重的时候，虽有损失但却能够保住大部分资金，不伤元气；二是在投资市场机会来临的时候，能有足够的资金参与，从而使财富的增量达到较大的数值。

第15课　冲动之下错误多

人在冲动的时候，思维要么会非常混乱，做事情也就会乱套，没了章法；要么头脑就变得一根筋了，做事情很容易走偏，掰都掰不回来。

举个小例子，比如X篮球打得不错，在朋友圈里无人能敌，打球从来都是得心应手，很少有不顺的时候。但有一天朋友们叫来另外一个篮球高手Y一起打球，本来在篮下无人能挡的X被Y连续盖帽，搞得X很是气愤。一开始X心里就乱了，没怎么输过的他很容易就心慌了，不知道如何才能逃离Y的逼杀顺利上篮，便打得越来越没章法，当然也就让Y进一步扩大了优势。之后X就火了，他就不信在篮下强攻上篮成功不了，于是一拿到球就篮下起跳投篮，结果每次都被Y盖帽或干扰，每次都投不进去，最后只能落得个自取其辱。

其实也可以这么说，人在冲动时候，大脑就很容易短路。在短路大脑的控制下，对眼前的棘手问题想做出及时正确的反应几乎是不可能的。生活中我们时常听到这样的信息，某人跳楼自杀后，其朋友都说他平时是很平静、很容易沟通的，没听说过他和谁积过怨，甚至都不知道他会有什么想不开的地方；或者某人动刀砍人犯罪之后，说是自己之前从未想过要砍人，和被砍的人也只是因为小事而冲突起来的。那为什么这样的信息我们会经常听到呢？说白了就是因为人在冲动的时候容易做出一些平时连想都不会去想的事情，从而导致了对自己或是对他人的伤害。

在投资中，冲动也是要不得的。因为你在冲动的时候，如果克制不了自己，就很容易下错单、多下单、该下的单不下、该平的单不平，这些多半会放大亏损比例或是错失盈利机会，由此造成的资金损失还是要由自己承担的。更有甚者，在一次冲动投资之后，买的股票跌了，接下来没有及时止损反而越发冲动，甚至还产生这样的心态——"它越跌我就越买，老子就不信它涨不起来"，结果是所有的钱都买进去之后股票还在跌，最后要损失1／3甚至1／2以上才砍出来，真是和自己的钱过不去。

投资是为了资产增值，我们在投资市场好不容易得到的盈利往往会因为一时的冲动而全部吐回去，有时还会伤及本金，甚至最终落得损失惨重、备受伤害。

冲动是犯错的根源，也是有错不改的根源。

人一冲动就容易犯错；如果继续冲动，错误就会继续犯下去，更可能会越犯越大直到不可收拾为止。我们经常听说这样一句话"聪明一世，糊涂一时"，有些错误犯下去之后，若不知悔改，可能会遗憾终生。古往今来，很多英雄好汉就是死于冲动之手。他人暂不说，就说桃园结义的刘备、关羽、张飞三兄弟就均因冲动而死。

所以说，冲动是人生的大害，投资的大害。要解决冲动之害，就要先知道人为什么会冲动。

第16课　冲动源于太在意

冲动其实是因为太在意，但却没有及时有效的解决之道。

为什么同样的事情，有些人碰到了会冲动？而另一些人则表现得若无其事？那是因为某一件事情，有人会非常在乎，而有人则满不在乎。

我们时常看到影视剧中的男主角看到心爱的女主角和别人约会时就会表现得非常冲动，甚至想去把另一个男的暴打一顿。但是如果这个男主角不爱那个女主角的话，即使是女主角故意和其他男人约会给男主角看，他都可以当做没看见。

在情感上，我们每个人都会在乎自己的爱人、父母、子女、挚友，当他们遇到一些重要的事情，特别是一些非常棘手需要你帮忙的事情的时候，你是应该冲动地面对还是平静地解决？比如有人欠你朋友10万块钱，你朋友非常缺钱，可那人就是赖着不还，这时你是去把欠钱的人打个半死逼他还钱，还是通过谈判的手段或是法律的手段要回这笔钱。

同样，在物质上，我们每个人都会在乎属于自己的财富或将要属于自己的财富。当我们的投资严重缩水时，我们是应该理性地及时止损还是不计后果地再豪赌一把；当我们的投资遇到一个还不错的机会时，我们是应该不计后果地全仓杀入，还是有计划地进场并有计划地止赢。

在每个人的生命中总会有一些非常重要、非常在乎的事情，如果这些事情一发生我们就用冲动来应对，那么我们把握机会的能力就大大降低了，或者我们面临风险的概率严重放大了。

冲动只会让我们在遇到机会时，遗憾地错过；冲动只会让我们在遇到危机时，无情地放大。但如果我们有处事不惊的气魄，那就很容易驾驭它们。

那么，面对你极其在乎的事情，怎样才能做到处事不惊呢？只要你拥有及时有效的解决之道。也就是说当异常重要、极其在乎的事情发生时，你早已胸有成竹、能够驾驭自如，不管它如何变化，你都能全然掌控。因为如果你知道如何解决，那就无需冲动了。

事实上，我们每个人都会冲动，因为我们不是冷血动物，我们总会在乎一些东西。

冲动也不一定是坏事，至少它证明我们在乎某些事情，我们只有知道自己在乎什么，才会去争取、去驾驭、去寻求解决之道。

在投资中，我们总会遇到一些期待已久的点位或技术突破，这时我们决不能只知道满仓杀入，而是要知道这是牛市中的突破还是熊市中的突破，要知道如果突破成功应该分几个步骤，以怎样的仓位配置进场，还要知道如果行情反转应该分几个步骤，以怎样的方式退场。只有这样才能真正把握住机会，同时使风险最小化。

另外，我们也总会遇到一些不想看到的行情，比如上涨刚刚启动却马上进入下跌通道，持仓较重的你不应该死扛着或是一走了之不再看盘，而是要知道如何及时止损，并且知道如何等待下一波行情。这样才能减少本次的损失，并争取在下一次机会中弥补损失。

第17课　冲动往往造成严重后果

冲动的持续是由于你没有找到有效的解决方案，更是由于你不知道后果的严重性。

正是因为你不知道后果的严重性，所以你没有去寻求有效的解决方案，从而一次又一次地放纵自己的冲动。而结果往往是严重的，甚至在你的能力范围内是不可收拾的。

比如说，当吕蒙用计杀害关羽时，刘备非常气愤决心要讨伐东吴，而张飞又被手下人害死，杀死张飞的人也跑到了东吴，这时刘备更是听不进诸葛亮及群臣的建议，几乎举全蜀之兵进攻东吴。桃园三结义两位兄弟突然死去，而死因都直接或间接地与东吴相关。刘备如此冲动，不顾一切地要攻伐东吴，也算是情有可原。但是在孙权提出退还荆州、送还仇敌、赔偿损失等补救措施时，刘备依然不为所动，不去考虑东吴的力量，更不去考虑曹魏的"坐山观虎斗"之心，而执意要灭东吴，那就是他不顾及后果的严重性，一味地意气用事。结果，不但是损兵折将，令蜀汉大伤元气，还丢了自己的性命。

再说投资，有时候明明是错误的投资决策，就是因为自己认识不足，即便实际走势已经证明做错了方向，却还是冲动地坚持自己的判断。原因往往是由于冲动而不再理性分析，不知道坚持错误后果有多严重，而冲动的持续也是想证明自己最终是正确的。当然最终后果必然是损失惨重+悔恨不已。

下面举个例子来说：

由于国家扶持农业以及高科技产业，由袁隆平院士坐镇的隆平高科（000998）预期业绩良好，2008年4月2日至5月13日，虽大盘处在盘整期（4月2日收盘价3347.68，5月13日收盘价3560.27，26个交易日微涨6.35%），该股依然逆势大涨216.03%。投资者P在全面分析该股的投资价值之后，于2008年5月6日以33元左右的成本价买入该股，买入之后短短一周就获得32.64%的收益，于是P坚定了持有该股的念头。可是，5月14日该股冲高回落之后，就开始持续下跌。P在国家对产业支持的基本面没有改变、国际粮食价格持续在高位的现象没有改变、地震对隆平高科收益影响微乎其微等思路指导下，认为回调只是暂时的，是由于大盘下跌的带动，认为原来可以逆势大涨的隆平高科依然可以继续冲高，于是他决定继续持有该股。而股价一次又一次的下跌，却使他搞不清楚为何下跌，同时他也不认为股价会跌破他的买入价，即使跌破也会很快上涨，认为自己不会亏钱，于是他还是冲动地持有它。结果从2008年5月13日至6月23日，隆平高科下跌39.8%，不但P的盈利被吞噬，还使他亏损不少。而同期大盘只下跌了22.47%（5月13日收盘价3560.27，6月23日收盘价2760.42），前期远远跑赢大盘的隆平高科跌幅竟是大盘的177%。

虽然从P了解的信息来看，他有理由坚持自己的操作方向，但是一旦盘面反向下跌总会有下跌的原因，只是他无法全面了解而已。所以在盘面反向时，不管自己知不知道反转的原因，都应该果断处理手中持仓，而不是冲动地认为自己之前的判断还是对的，更不能在事实证明自己一错再错的情况下，不去评估后果的严重性，依然冲动地坚持自己的思路。

第18课　用冷静来克服冲动

　　冲动并不可怕，甚至冲动难免发生，可怕的是在冲动发生后，我们控制不了它。只要我们能在冲动发生时克服它，或是在冲动发生后解决它，那么冲动就不再可怕，更不会有可怕的结果发生。

　　如果我们无法克制人生的冲动，我们将必定失败；如果我们无法克制投资的冲动，我们将注定亏损。因此我们必须学会克服冲动的本领。

　　冷静是克服冲动的良药，我们要变"热处理"为"冷处理"，才能把冲动克服在即将发生之时，最坏的也能把冲动解决在已经发生之后。

　　冷静的药引有两种：第一种叫"不在乎"，第二种叫"我知道"。要得到第一种药引"不在乎"其实很简单，只要你对之前很在乎的事、认为很重要的事变得不在乎了，或者对任何事情都不在乎了就可以了。得不得到不要紧，成功或失败不要紧，盈利或亏损也不要紧。

　　可是投资是为了赚钱，怎么能亏了钱还不在乎呢？所以对正常人来说，对还没有挥霍不尽的财富的人来说，想做到"不在乎"几乎是不可能的。除非你想做一个一无所有，并且又一无所求的人。

　　如果做不到"不在乎"，那我们就想办法得到第二种药引——"我知道"。

　　"我知道"就是说你要找到解决之道，当你很在乎的事情发生时，知道自己该怎么做、该如何正确应对，那你就不会冲动了。即使由于一开始的冲动或其他原因做错了，你只要知道如何挽救、如何解决、如何减少损失、如何杜绝下一次冲动也就可以了。

　　比如你听到某个比较"权威"的消息说某只股票会涨，你一冲动全部买进，买对或买错不知道，如果涨了什么时候平不知道，如果跌了该不该砍也不知道。那就是你还没学会"我知道"，那样的做法只会使你越来越冲动，损失越来越大。

当你得知某只股票可能要涨时，应该先查查这家上市公司的业绩、近况、公告等支不支持它涨；上网参考参考其他投资者或股评家的说法，人家是否认为它会涨。如果感觉下来不会涨，那就不要买入。如果感觉下来应该会涨，则还要再看看股票的走势，涨势刚启动、涨了一大段了还是仍处在跌势中这三种情况的操作策略是不同的。

（1）如果该股票涨势刚启动，说明继续上涨的可能较大，可以仓位较重介入，涨了留着，小回调也可不管，中回调可以减仓，再小涨不加仓，涨多了可加仓，再回调再减仓，大回调就全部平仓（此处说的小回调可以是下跌5%左右，中回调可以是下跌8%左右，大回调可以是下跌12%左右，小涨可以是5%左右，涨多了可以是10%左右，具体比例均可按照每个人的投资周期长短来定）。

（2）如果该股票已经涨了一大段，存在回调或掉头的可能，甚至存在发消息的人骗你进去托的可能，则可以仓位较小介入，涨了再加筹码，一定比例的回调就砍掉。

（3）如果该股票仍处在跌势中，即使你认为它要涨，也需要再等等，因为底在没有走出来之前，你是不知道底在哪里的。等底部确立后再进场也不迟。

第19课　冲动时多想想忍字诀

上面说的"我知道"是克服冲动最好的药引，接下来我们说说"我知道"这服药的催化剂，也就是我们在服药时应该具备的心态——"容"和"忍"。

"容"和"忍"可以帮助我们冷静下来，以便更好地克服冲动、解决冲动带来的麻烦。

"容"就是要把自己的心变得更宽大，让它放得下更多快乐或痛苦的事情，这样你就更容易去理性地分析，更容易达到"我知道"的境界，更容易冷静下来。如在熊市，你的100万元变成了70万元，只有你容得下亏损，才能保持冷静，以便抓住下一个资本增长的机会。

其实"容"的本质就是：容得下成功也容得下失败，容得下盈利也容得下亏损，当然，最重要的是要容得下自己，容得下自己的成败。

"忍"就是要把自己的心变得更坚强，让它受得住骄傲的诱惑和灰心的打击，这样你就可以更容易保持本我而不忘乎所以，更容易让"我知道"正常地发挥作用，也就更容易冷静下来。如你被一个现在打不过的人打了一拳，你只有忍得住耻辱，不灰心不放弃，才能壮大自己，以在下一次的较量中打赢对手。

其实"忍"的本质就是：忍得住成功（盈利）后的自我膨胀、得意忘形，忍得住失败（亏损）后的不知所措、万念俱灰。

只有让心的容量变得更大，只有让心的韧性变得更强，我们才能更好地驾驭"冲动"这头野马，才能在生活和投资中享受收获的快乐。

第20课　不懒惰的人容易成功

如果你可以舒舒服服地坐着，你会不会让自己站着？如果你今天可以9点起床，你会不会强迫自己7点起床？如果某项工作可以放到明天做，你会不会今天非要加班把它做完？你不会，大部分人都不会。

实际上，从人性的角度来讲，懒惰是人的天性，世界上大部分人都是懒惰的，甚至可以说每个人内心深处都有懒惰的一面，种着懒惰的基因。人类的懒惰本能可以使自我躯体在适当的时候获得放松，从而恢复机体活力并获得再次投入工作的力量。

也许，人类每天需要睡觉就是懒惰基因作的怪；也许，人类社会的双休日、节假日制度的设立也是懒惰基因的功劳。

现代人的辛勤与忙碌，大多是被压力所迫而不是出自其本意，如果不用工作就可以衣食无忧，相信很少有人会选择天天去上班，更不用说辛勤与忙碌了。

当然，从积极的角度来讲，懒惰作为人性的普遍存在，某种程度上也促进了人类社会的进步。我们甚至可以说，是懒惰促进了人类的创造和进步：因为懒得洗衣服，所以发明了洗衣机；因为懒得走路，所以发明了汽车；因为懒得做饭，所以发明了电饭煲、微波炉和电烤箱；因为懒得看报纸，所以发明了电视机；因为懒得逛超市，所以发明了网上购物……

由此可见，很多的发明创造是由懒惰引发的，说实话，对全人类的文明和进步，懒惰还真的功不可没。

不过，虽然很多发明是以懒惰为起源，但试想如果每个人都想更舒服地生活，而懒惰得不去动脑子、不去想办法，人类社会也就不会有那么多发明创造了。

虽然懒惰往往是人类进步的动力，但是进步往往不是懒惰的人创造的。因为发明创造是为懒惰的人发明和服务的，但绝不是懒惰的人发明的。毕昇发明了活字印刷，是因为他有着丰富的印刷经验、有着勤劳的工作态度、有着善于思考的习惯，而不是因为他懒惰。同样，一生有2 000余项发明的爱迪生为了发明电灯，阅读了大量的图书资料，光笔记就达400多页，试验过的灯丝材料超过6 000种。爱迪生电池的发明，更是花了他整整10年时间，经过5万多次实验。如果毕昇和爱迪生是懒惰的人，我们现在可能还生活在手抄本和煤油灯的年代。

另外必须要指出的是：在现实生活中，对每一个人来说，懒惰获得的只是一时的舒服和便利，最终获得利益的始终是不懒惰的人。在我们日常的生活、工作中，我们总会看到这样的情形：相对不懒惰的人在当领导、在制定规则和纪律，而相对懒惰的人则在被领导和被督促中工作着、行动着。当然，一旦有了成果，必然是前者分得大部分。

所以，最终的结果是，少部分不懒惰的人，在领导大部分懒惰的人，在赚大部分懒惰人的钱，最终勤劳并肯动脑子的人获得了懒惰的人一直想要而没去努力争取的东西。

第21课　不劳而获的念头是可笑的

要是每个星期上一天班，一个月拿5万块就好了；要是买一套房子，每年涨一倍就好了；要是能娶个亿万富翁的女儿，下半辈子有花不完的钱就好了；要是……

懒惰的心理根源是什么？人为什么会有懒惰的"需求"？

懒惰的本质就是不付出或者少付出就想获得很舒服的生活或者获得很高的回报，并且希望这种舒服和回报是持久性的。

懒惰心理有四种表现：一是希望不劳而获，二是希望一劳永逸，三是希望一蹴而就，四是内心一无所求。

不劳而获实际上永远都是"懒人"追求的最高标准，虽然这个标准不可能实现。有时候似乎你有了不劳而获的机会，但那往往是陷阱。下面我们就用一个寓言故事来说说不劳而获的结局：

有一次，几头猪从村庄逃跑了。经过几代以后，这些猪变得越来越凶悍，甚至威胁过路人。几位经验丰富的猎人想捕获它们，但这些猪却狡猾得很，从不上当。

一天，一位老人架着一辆马车，车上装的是木材和谷粒，老人告诉村民说，他要帮忙捉"野猪"。人们都嘲笑他，因为没有人相信老人只用木材和谷粒就能做到连猎人们都做不到的事。但是，两个月以后，老人告诉村民们，"野猪"已经被他关在山顶的围栏里了。

老人向村民们解释他是如何捉到"野猪"的："我做的第一件事，就是去找'野猪'经常出来吃东西的地方，然后我就在空地上放少许谷粒当诱饵。那些猪起初还不敢靠近，但最终还是忍不住把诱饵吃掉了，这时我知道我能捕到它们了。第二天我又多加了点诱饵，并在几尺远的地方竖起一块木板。那块木板暂时吓退了它们，但白吃的午餐很有吸引力，不久它们又回来吃了。那些

'野猪'们并不知道，它们已经是我的猎物了。此后，我要做的就是每天在诱饵旁边多钉几块木板而已。每次我加进一些东西，它们就会远离一阵子，但最后都会再来"白吃午餐"。围栏做好了，陷阱的门也准备好了，而不劳而获的习惯使它们毫无顾忌地走进围栏。这时我就出其不意把它们捕捉了。"

既然不劳而获不可得或不能得，"懒人"就会退而求其次，想要一劳永逸。但抱有一劳永逸的心态做事，看似可以把利益持续化，或是把付出最小化，但实际上后果往往是损害大于收益。我们拿2008年9月中国奶业爆发的"三聚氰胺事件"来说：质检总局定了一个食品质量免检制度，给所谓质量好的食品品牌冠上"国家免检产品"的称号，本想来个一劳永逸，结果是免予质检的三鹿奶粉在婴幼儿奶粉中加入了严重超标的三聚氰胺，直接导致全国多名婴儿死亡、29.6万名婴儿致病，同时还爆出全国竟有22家婴幼儿奶粉中检查出三聚氰胺，而其中竟包括伊利、蒙牛、圣元、雅士利等所谓的名牌产品。可见一劳永逸带来的，必将是后患无穷的后果。

"懒人"在认识到不劳而获的不可能性和一劳永逸的危害性之后，就会想着能否一蹴而就。但一蹴而就带来的往往是能力不够而不能胜任，或是不知因果而无法持续。比如让一位普通的讲师做教授，他一没行业地位，二没研究成果，三没教学经验，要是让他带研究生恐怕会误人子弟，或让他去全国性会议作学术报告也恐怕会令人大跌眼镜。再比如某君听了别人的建议后买入一只股票，一个月就翻了一倍，但他却不知道为什么要买这只股票，为什么这只股票会涨，也不知道什么时候抛掉比较好，那么他的收益多半就无法持续或是会吐回去。

真正快乐的"懒人"，真正不被自己的欲望所迷惑、所损害、所透支的"懒人"是最后一种，即一无所求的"懒人"。如果你真的一无所求，你当然就不需要去劳动、去思考、去谈判、去索取，也就不会悲伤、愤怒、失望和胆怯，你就可以做到顺其自然地懒惰、毫无顾忌地懒惰。但常人是很难达到这类"懒人"的境界的，因为常人的懒惰总伴随着欲望，要真正做到无欲才能达到这最高级别的懒惰，所以也就只有"高人"才能达到这种境界。

在现实生活中，大部分人即使没有不劳而获的想法，至少也总是希望一劳永逸，希望一蹴而就。但是世界上没有一招制胜的秘诀，也不会经常出现孤注一掷就能成功的奇迹。在投资市场，大多数人渴望得到"一招制胜"的交易秘诀，但所谓"一招制胜"的绝招只可能出现在小说里，比如杨过的黯然销魂掌、张无忌的乾坤大挪移。而在现实生活中，特别在投资市场，这样的绝招是不可能出现的，即使有也只是机缘巧合奏效一次，不可能以此受益终身。

第22课　勤劳的人赚谁的钱

　　做投资的人都有追求财富的欲望，但是大部分人又都是懒惰的，就像前面说的都想着不劳而获、一劳永逸或是一蹴而就。于是投资市场的懒惰现象就如此表现出来：

　　（1）喜欢去买"同花顺"、"大智慧"、"楚河汉界"、"涨停先锋"等一些股票操作提示软件。因为懒得去做大量的研究分析、经验总结，而喜欢捡别人的研究成果，希冀以此得到致富的捷径。

　　（2）喜欢到处打听消息，特别是所谓专家、权威人士的消息。因为懒得去选股、选时，专家说买就买、专家说买哪个就买哪个，希望这样做了就可以坐着收钱。

　　（3）喜欢听股评家说会涨多少点、跌到多少点。因为懒得去研究基本面、技术面、突发事件和利好消息，希望股评家预测的是对的，自己照着做就行了。

　　（4）喜欢先把单子做进去再看，而不喜欢事先制定详细的策略与计划。因为懒得在交易前去深入分析自己的单子下下去是对是错，希望做下去就对了，就赚钱了。

　　但就是因为懒惰在作怪，就是因为想不付出或少付出就获得高回报的心态作怪，最终懒惰的投资者对应的结局往往是：

　　（1）买了行情软件却没有认真去看，没有严格执行，结果就是行情软件提示买卖的信号绝大部分是对的，但是自己始终赚不了钱。

　　（2）打听了消息，不花时间去思考和验证，也没有评价消息权威性的标准，只想知道怎样能赚钱就行了，至于为什么会赚到钱却懒得去了解。结果要么是听到的信息太多、而且都是"权威"的，不知道听哪个好，最后错失一些投资机会；要么是始终坚持听一个人发出的消息，虽然可以做对几次，但总会由于那个人判断失误或是故意放假消息，自己却又执迷不悟地相信，最终后悔莫及。

（3）永远没有自己的分析策略，也总是左右摇摆着自己的判断和想法。凡是自己持有的股票，就喜欢去看、去听关于它的好的消息；凡是自己套住了，就喜欢去各个地方找对自己有利的评论，安慰自己，而不去分析自己亏损的根源。

（4）下一笔单子一般都是拍拍脑袋、一时冲动，既没有设置止赢位置，也没有设置止损位置。一旦单子出了问题，连忙问别人"怎么办"？"怎么看"？最后往往是损失惨重才出场。

"懒人"总喜欢高手告诉他什么时候买进、买什么、买多少、什么时候卖出，懒到只想能赚钱就行了，而不想知道为什么会赚钱。"懒人"也喜欢大师告诉他一种交易方法，按照这种交易方法去做，不管什么行情都能赚钱，至于有没有这种方法。如果有这种方法，这种方法是怎么形成的，为什么能稳定盈利也不想知道。

如果懒惰这么容易就能赚钱的话，那么这个市场谁在亏钱？难道是勤奋的人？

很多人看大师们的交易常常是很简单的，没有详尽的技术分析，没有繁杂的基本面资料。好像凭"直觉"在交易，就可以见招拆招、探囊取物，让人心驰神往。其实大师们的交易心得是历经了艰辛的过程，在一次次失败的经验中总结出来的，他们更会在一次次挫折中逐步完善自己的交易系统，对于交易系统、交易规则早已了然于胸，最终达到"手中无剑，剑在心中"的境界。正所谓：参禅之前，见山是山，见水是水；参禅之中，见山不是山，见水不是水；参禅之后，见山仍是山，见水仍是水，但此山非彼山，此水非彼水。

有位研究波浪理论最终能把点位算得很精准的专家，10年来每天坚持测算5～10张图表，但他依然知道自己未必每次都是对的，如果算错了应该如何补救；另一个期货私募基金经理能凭盘感每天达到数十次短线数千手交易量，是因为他有个每天用笔画几张K线图的习惯，几万张图表的强制记忆，才会有相当好的盘感，市场无论出现什么走势，都早已经了熟于胸，而即使如此，每次判断失误他也会毫不留情地否定自己，严格止损。他们长期地、认真地、不断重复地、不断自我否定地学习与实践，才是成功的道理。

赚钱的方式可以有几百种，成功背后的原因也可以是多种多样的，但绝不会有一种成功是源于懒惰！

所以，资本市场的财富分配原理多半是："懒人"的钱被勤劳的人赚去。

第23课　懒惰的人为什么亏损

在投资领域，其实"懒人"的想法和做法，无非就是想花最少的力气去赚钱，去稳定地赚钱。最好自己不用思考，不用判断，按照一种既定的规则做或是听高手的建议做就行了。

所以，当懒人发现一种方式成功一次、两次、三次的时候，也就不去想为什么，而是把这种交易方式一直用下去。当市场发生变化了，交易方式却没变，那就一定会亏钱。

或者我们可以这么说，懒惰的人永远无法知道自己为什么会赚钱，为什么会亏钱，所以只会偶尔赚钱，持续亏钱。

期货上面，需要花大量的时间去盯盘，因为期货行情很大、时时波动，你不可以放任不管。期货市场是很多人渴望一夜暴富的场所，然而在这个市场里成功的人没有一个不是通过长期艰辛努力的。在期货市场，就算是真正有天赋的人，从入行到稳定盈利也要三五年的时间。在这个市场上，你需要了解的东西很多，你的资金、技术、心理都需要很长时间的积累。而这些积累，不是你任时光流逝就可以得到的，而是要你辛勤地去研究市场、严格地执行交易计划、不断地反省总结。没有随市场变化而变化的交易技巧，又没有能力规避市场风险的"懒人"，想在期货市场以静制动或是以少动制多动、以小动制大动的结果往往是错得过大机会、逃不过大损失。

股票上面，你需要仔细地去选股，全面地去观察市场的变化。但"懒人"

不但不会花精力去分析研究、选时选股，而且更是在牛市赚了钱而到熊市就转不过弯子，仍把熊市当成牛市对待，结果是即使之前蒙对赚了钱，最后也会亏大钱。原因是牛市和熊市的周期一般都比较长，而一个单边市场的不断强化会给人很特殊、很深刻的印象。比如在牛市里面，你发现每次涨的时候卖掉、每次跌的时候买进，你总是赚钱的。你不会害怕被套，因此你敢在跌的时候大胆抄底。但是实际上你的观念是错误的，只是在牛市里你没有机会经历较大的失败。到了熊市的时候，你还是不加思考地去坚持之前的手法，而不知道去改变已不再适用的交易方式，不去控制自己的投资风险。一般来说，熊市通常要两三年或四五年才能走完，所以你在以下几年熊市里的日子会非常难过。而你后知后觉地发现熊市来临并且多次下定决心改变自己的恶习去建立一套适合熊市的交易规则时，熊市可能又已进入尾声。等重新进入牛市的时候，你可能用的还是在熊市里面建立的规则……如此恶性循环的本质原因，就是因为懒惰地凭自己的经验主义去交易，而没有认真地研究市场，随时根据形势变化而调整交易策略。

当市场变化的时候，很多管用的技术指标和交易方法都会失效，甚至成为亏钱的元凶，所以懒得去发现、懒得去理解、懒得去分析、懒得去改变的"懒人"就一定会亏损。举个例子来说，在牛市时，有人告诉Y只要KDJ指标三线向上金叉就买进，向下金叉就卖出。Y试了之后，果然绝大部分交易是赚钱的，于是他就不去多想了，把这种交易方法一直用下去。但当熊市来临的时候，Y还是只知道KDJ指标三线向上金叉就买进，向下金叉卖出，结果屡战屡败之后还是不知道这个指标为什么失效了，还是不去思考如何做才能减少亏损，当然只会越亏越多。

第24课　克服懒惰习惯

我们说理财是门技术，也是一门艺术。不专业不是致命伤，关键在于你重不重视，肯不肯为它付出。有投入才有产出，这个投入包括资产上的、时间和精力上的。关心财富才有资格成为它的主人，树立正确的理财观念，坚持地、辛勤地为它付出，相信每个人都能打理好自己的财富，实现美好的人生规划。

理财是值得每个人倾其一生的事业，理财是为了打造属于你个人和家庭的财富。之所以要辛勤理财，是为了让自己和家人生活得好一点、或是想要享受自由支配财富的乐趣、或是让自己看上去成功一些、或是让自己早日退休。不管怎样，要对得起自己、对得起家人，要想满足自己的财富欲望，我们首先就要克服懒惰。

"懒人"的钱总是被勤劳的人赚去。想要去赚别人的钱就需要多分析现在所处的行情状况，多了解不同的交易技巧，要知道什么时候用什么方法；还要建立自己的交易系统，多做实证研究，不断修正完善；同时还需要多了解不同领域的投资渠道，或是同一领域不同的投资品种，多做投资组合，降低风险度。

简单地说，在投资中要克服懒惰，只要做好三件事情：

（1）不断提醒自己，投资是有目的，自己是有需求的；

（2）永远保持学习的心态，寻找和完善变化市场中的制胜之道；

（3）不要只关注一个品种或一个领域，花点时间和精力去做投资组合。

做投资组合虽然会花费你更多的时间和精力，但是却可以使你投资的系统性风险和突发性风险降到最低。当一个人或一个家庭的资产达到需要理财的地步，其资产规模也必然符合投资组合的要求。我们可以想象，如果一个"懒人"懒得去了解其他投资渠道，而只是投资于股市，那么2007年10月到2008年10月暴跌73%的行情，他要如何应付呢？但是，如果股市的资产只是他的一部分，并且可以随时转移到他熟悉的其他投资渠道的话，其在股市的损失就能降到最低，并且可以在其他投资渠道获得补偿收益（也就是建立了风险对冲体系），最终可能通过股票、房产、债券、期货、股权投资的投资组合，整个资产还能达到正收益。

而单单就期货投资中品种组合的作用，我们也可以展开来阐述。我们的时间和金钱都是相当有限的，但期货市场的风险在各个时刻都是存在的，所以必须要做投资组合。投资组合有不同合约的组合、不同品种的组合，甚至有不同周期的组合（如长线投资和短线投资组合）……总之，就是要把风险不断拆分，让盈利的部分充分增长，并把组合中亏损的部分止损，最终实现稳步盈利。当然，期货投资组合的应用是容不得半点马虎、半点懒惰的。

第25课　低调再低调

既然要谈骄傲，那我们就先来说说骄傲的本质。

骄傲是怎么产生的呢？我们可以设想一下，当你在和别人比职位时，人家是经理，你是小职员，你会不会骄傲？当你在和别人比考试成绩时，人家是90分，你是60分，你会不会骄傲？当你和别人比跑步时，人家跑10圈，你跑2圈，你会不会骄傲？

当然不会！因为人决不会因为自己比别人差劲而去骄傲。人类之所以会产生骄傲的心理，是因为看到自己在某些方面比别人强、比别人优秀。

骄傲有时候也是褒义的，比如说在"祖国，我为你骄傲"、"父亲，我为你骄傲"等语境中，骄傲就是一个很褒义、很令人振奋的词；但是在这样的语境中："他是一个骄傲的人"、"你怎么有点小成绩就骄傲了"等，骄傲绝对是一个很贬义、很令人反感的词。

其实从骄傲在上面两个语境中所体现的截然不同的意思，我们就很容易发现，当一个人为别人骄傲时，骄傲就是值得肯定的；而当一个人为自己骄傲时，骄傲就往往是需要否定的。

骄傲是谦虚的对立面，是继续进步的障碍。一个人在某些方面比别人优秀时，是选择谦虚好学，不为自己的成绩骄傲，不去鄙视别人，更能把眼光放得开阔、深远，去寻求比自己更优秀的人并且虚心学习；还是选择自满骄傲，以自己的优势沾沾自喜，以展示自己的成绩为荣耀，以把人比下去为乐趣，只是鼠目寸光地看到自己在小范围里面的相对优势而显得极度自负呢？

我们再设想一下，如果上面说的经理人是你，考试得90分的是你，跑步可以跑10圈的是你，你会不会就开始骄傲了呢？还是会把自己和总裁去比职位，和考试得100分的人比得分，和马拉松冠军去比谁跑得远呢？骄傲的人必然会选择前者，他的优秀可能也就到此为止了；谦虚的人当然会选择后者，他的成绩会因为不断学习而保持进步，最终成就更强大的自己，成就永无止境的灿烂人生。

在投资中，你的收益率是50%，看到收益率只有10%甚至是亏损的投资者，你会鄙视吗？你会嘲笑吗？你会骄傲吗？还是你不把自己的成绩太当回事，而去和收益率80%、200%的高手过过招、探讨探讨交易策略、学习学习操作技巧呢？

骄傲的人，往往是被自己所谓的成绩遮挡了视野，同时也堵住了自己的思维，从而看不到自己的不足，更看不到别人的优秀。骄傲的人，总是在故步自封的王国里，看到自己的伟大和光辉，做着"老子天下第一"的美梦。

所以，我们说骄傲的本质就是：一个人只看到自己比别人优秀的地方，而看不到比自己优秀的人；只欣赏自己的优点，而忽略自己的不足，更不会去寻找、欣赏和学习别人的优点。

第26课　用自信代替骄傲

虽然上面已经把骄傲的本质说清楚了，但是还是会有人认为骄傲没什么不好，因为骄傲是人的自信的体现，而自信是事业成功的必备元素。

没错，自信对一个人来说确实很重要，因为它是克服紧张、担心、不知所措的法宝，它是勇往直前的利器，它是人类优秀品质中至关重要的一环，当然也就是成功的基础了。

但是，虽说自信很重要，但是骄傲绝不能要。因为骄傲不是自信，骄傲是自负。

1. 自信只是适当地肯定自己，而骄傲则是无限地放大自己

自信的人会说："根据我以往的投资经验和对目前盘面的深入分析，现在

做空是合适的。"

而骄傲的人会说："股票这玩意对我来说就是那么回事，我上个月随便做做就赚了30%，现在的行情，做空一定是对的，它是绝对不可能涨上去的。"

2. 自信的人只会在不经意间展示自己的优势，而骄傲的人总是想方设法刻意地显示自己的成绩

自信的人虽然知道自己的优势，但绝对会有自知之明，不会随意夸大自己的过人之处，不会在技低一筹的人面前显摆，而是在该出手的时候出手，该负责的时候负责，该扛旗的时候扛旗，并且一旦遇到自己能力不够的地方就一定会努力完善，一旦遇到比自己牛的人一定会虚心学习。

骄傲的人确实知道自己的长处，往往过分看高自己的长处，一有机会就会在自认为比自己差的人面前炫耀自己的非凡能力和丰功伟绩，不分该不该出手、符不符合时宜都会非常主动地站出来说："我能！"当他遇到了自己解决不了的问题时，由于已经放言说自己能搞定，而不好意思也不情愿去请能解决问题的人帮助而把事情搞砸，这时，如果他还要保全自己面子的话，也就只好落败而逃了。

3. 自信的人做事情，能做成也不随便拍胸脯；骄傲的人做事情，做不成也随意拍脑袋

自信的人明明知道自己能完成任务，也会非常低调，会等到事情做成了再露出一点声色；而骄傲的人总喜欢高估自己的能力，随意拍胸脯说自己能搞定，在执行和决策时又往往过分轻视事情的复杂性或重要性而随意拍脑袋行事，结果往往是差强人意甚至一塌糊涂。

4. 自信的人乐意接受批评，骄傲的人害怕甚至憎恨否定

自信的人，往往是谦虚的，因为他们知道自己肯定有不足的地方，所以就可以接受别人指出的缺点和错误，也乐意接受别人的批评和建议。因为自信的人知道唯有如此，他才能完善自己、提高自己，从而达到更高的能力、争取更好的成绩、赢得更多的荣耀，也就更有资格和资本自信了。

骄傲的人，往往是自负的，一方面知道自己的过人之处而不知道别人的过己之处；另一方面只想听别人的夸耀、钦羡之词，而不愿闻他人的善意提醒、劝解和所指出的不足之处，更不用说是直接对他的否定和批评了。面对否定，他要么是害怕当面接受，要么是直接憎恶提出否定的人。遇到批评，很可能是拍案而起、气急败坏，也有可能一争到底以证明自己是正确的、是最优秀的。如此一来，骄傲的人只会故步自封，在别人的进步中自己显得越来越渺小。

第27课　骄傲是失败的朋友

　　虽然成绩有大有小，但总体来说，世界上每个人都会有一些自己或别人认可的成绩。面对以往的成绩，我们切记不能骄傲，因为成绩是用来肯定自己的，不是用来放大自己的。肯定自己是为了看清成绩的本质，以便使成绩得以延续并且在适当的时机能够有所突破。但如果用过往的成绩来放大自己，那么不但成绩难以延续，倒退也在所难免。

　　骄傲总是让人在过往的成绩中膨胀自我、忘乎所以。骄傲会让人抱着过去的成功，而不努力去争取下一个成功，于是成功就会变成历史。

　　一个操盘手L，通过其多年的投资心得，总结了一套长短线结合、以月为投资周期的操作模式。由于他按照既定的规则，较深入地分析计算、交易时间，严格盯盘，有效把握了2008年1月中下旬到10月上旬大部分的暴跌行情，所操作的一个账户资金从200万元涨到280万元，取得了不错的收益；可是取得这个成绩、在被客户夸奖了几句之后，他就开始飘飘然了，不再特别严格地遵守之前制定的交易纪律，有时未经分析验证就凭自己的感觉进出场了，甚至不再实时盯盘了，如此一来，账户到了9月下旬就缩水到了240万元左右；更严重的是，他没有从中吸取教训，而是继续自我感觉良好，交易纪律依然被放在一边没有严格遵守，由此他再次错过了10月国庆后的大行情。

　　一个相对专业的操盘手在骄傲面前照样一错再错，如果是普通投资者，可能亏损就更大了。

　　中国人总喜欢用"失败是成功之母"去善意地安慰那些努力后依然没有成功的人，或是安慰自己曾经的付出，以此给努力的人一个希望、一份憧憬和重新振作的力量。可遗憾的是，现实生活中，不少人用这句话的时候太过"宽容"了，往往不去区分什么原因导致的失败。

也有人说"骄傲是失败之父"，导致失败的原因可能会有很多，但是骄傲却是可以源源不断"生产"失败的因素。由于不去克服骄傲而引起的接二连三的失败，不但不值得宽容，也没有资格成为"成功之母"。

在和自己的较量中，我们不能骄傲；在和对手的较量中，我们更加不能骄傲。因为输给自己可能还有机会自我挽救，但是如果输给敌人，那或许就只有死路一条了。

骄傲容易让你藐视对手，也容易让你输给比自己弱的对手。战争中的骄兵必败正是印证了这一点。我们来说说三国时的官渡之战。官渡之战之前，袁绍的实力远胜于曹操，他自恃地广人众，兵多粮足，于建安四年（公元199年）亲率步兵十万、骑兵两万南下，欲攻取许昌擒下曹操；而当时的曹操却是羽翼未丰，只有两万兵力，与袁绍实力悬殊。优劣明显的两军在官渡相遇，袁绍骄傲轻敌、不听劝谏，而曹操则是审时度势、充分吸纳正确意见，最终曹军声东击西、救白马之围、诛颜良、斩文丑、夜袭乌巢、焚其粮草，大败袁军，为统一北方奠定了基础。

投资又何尝不是一场战争呢？股市，你每下一笔单子都有一个对手，你每赢一块钱就有人输一块钱，它是多空双方的一场战争，你加入多方就与所有的多方为战友，同时也就与所有的空方为敌人，反之亦然。任何一方都以打垮对手为目的，任何一方都不能骄傲轻敌，否则被打垮的就是自己的一方。股票，是你和庄家（主力）之间的一场战争，敌强你弱，更加容不得骄傲情绪。

在残酷的战争中骄兵必败，在拼钱的战争中也是如此。

第28课　克服内心的骄傲

人在取得一些成绩的情况下，产生自我肯定和自我满足感是比较正常的。

从增强自信心的角度来说，自我肯定和自我满足感的获得是值得提倡的。但是对自我肯定和自我满足感，我们不能放大、更不能停步不前，否则，骄傲之心就会慢慢吞噬你、毁灭你。

我们一旦发现自己沉浸在过往的成绩中，发现自己爱去显示优点，发现自己开始自我膨胀，发现自己不再虚心前进时，我们就要狠狠地告诉自己：骄傲来了，必须把它赶走，我不把它赶走，它就会把我吞没。

古往今来多少事实证明了并正在证明骄傲是自我毁灭器。当你克服不了自己内心的骄傲，就会被骄傲克服。我们必须明确：伟大是熬出来的，不是吹出来的。

所以，不管我们曾经多么厉害，多么威风，我们都要毫不犹豫地、无比坚定地克服骄傲情绪。

1. 克服骄傲就是要在成绩面前不能自满，要继续保持上进

我想大家都听过这个故事——

老师在一个水桶里装满石块，问学生：这个桶满了吗？

学生回答：满了。

老师再往桶里装沙子，沙子填满了石块的缝隙，老师又问：满了吗？

学生回答：这回确实满了。

老师摇了摇头，拿来一盆水，倒进水桶，说：只要你认为满了，就不会再装东西进去，可是只要你认为没有满，就还能容下更多东西。

这时，学生不再言语。

其实这个故事是说如果一个人在成绩面前骄傲自满，就容不下新的知识和技能了，就不会再进步了；但如果一直虚心学习，放开胸怀，那就能不断地挑战自我，不断地学到新知识和技能，不断地成长，不断地壮大。

因此，在成绩面前，我们不能自满，而是应该静下心来，思考自己还能在哪些方面更进一步。

在投资中也是一样，如果你投资股票或期货赚了一点钱就骄傲了，那么赚钱可能就停止了，亏钱也就在不远的前方等你了。只有在赚小钱面前不骄傲自满，保持交易的严谨性和操盘技术的不断进步，才能持续赚小钱，并且在机会来临的时候能赚大钱。

在资本市场，我们必须知道钱是赚不完的，少一点骄傲就能少一点亏损，晚一点骄傲就能多一点盈利，永不骄傲就能永远赚钱。

2. 克服骄傲就是善于否定自己，乐于接受批评，善于发现和学习比自己强的人

知足者只有不再有新的欲望了，才可能常乐；知足者的知足若只是安慰自己、放松自己，甚至是封闭自己、放大自己的话，想要常乐是不可能的。

能够持续进步并最终走向伟大的人，贵在能够看到自己的不足、乐于接受别人指出他的不足，并且在知道自己的不足后，敢于否定自己也欣然接受别人的批评指正，同时他还善于发现比自己牛的人，并向牛人虚心学习。

虽然你的交易方式能赚钱，但是别人的操盘规则更能盈利，这时你是固守自己的方式，还是学习别人的规则？相信在财富的引力面前，只要你是个理性的人，只要对方愿意和你交流，你一定会虚心向盈利能力更强的人讨教，去深入了解他盈利的秘诀，去全面分析他操盘的技巧，并结合自己的资金规模、风险偏好等修正完善自己的交易方式，最终形成适合自己的、更有赚钱效应的投资策略。

常言道：天外有天，人外有人。认为自己是最强的人，最终一定会被自己的骄傲淹没。只有敢于面对自己的不足、乐于接受别人的指正、善于寻找自己和他人的差距并努力缩小差距的人，才能走向不败的境地。

当我们发现，自己依然渺小，世界上还有很多人比我们厉害的时候，我们就会变得谦虚，骄傲也就被有效隔离，不会再轻易到来。

第29课　正确看待自己成功

世界上有两种成功：一种是可控的成功，也叫必然成功。当你做成了一件事，你知其然，并知其所以然，知道自己是怎么做的，为什么这么做，成功是在你的控制之中的。只要保持理性，下一次同类事情发生时，你依然可以做成。这种成功完全是可以控制的，是你可以驾驭和复制的。另一种是不可控的成功，也叫偶然成功。当你做成了一件事，你知其然，但不知其所以然，知道自己做了，做成了，但不知道为什么要这么做，这么做为什么会成功，成功就不在你控制之中。下一次同类事情发生时特别是情况略有变化时，你很可能就无法再成功了。这种成功是无法掌控的，是你难以驾驭和复制的。

比如说，你有一次做股票盈利了。这次盈利你是通过自己深入分析基本面和技术面进行选时、选股，并在自己制定的交易纪律体系下的进场点位买入、出场点位卖出的。那么这次盈利就是完全由你掌控的，下次机会来临的时候，你只要保持冷静，就依然可以赚钱。

但是如果你的盈利是因为听了别人的小道消息说哪个股票要涨，你自己没做分析就买进去，后来又听说可以卖了，你就卖掉了。虽然你从中盈利了，但是你只知道要买它，却不知道它为什么该买，在什么时候买，在什么时候卖，它涨了你不知道它为什么涨，要不要持仓，它跌了你也不知道它为什么跌，要不要平仓。这样的盈利只是你听对了消息而已，和自己的分析水平和操作技巧毫无关系，那么下次没有小道消息听时，你自己就不会操作了，或者下一次的小道消息错了，你也就只能跟着亏损了。

正因为世界上有两种成功，所以也就有两种骄傲。

一种骄傲是由可控成功即必然成功引起的骄傲，另一种是由不可控成功即偶然成功引起的骄傲。即上述例子中通过自己分析、选时、选股，自己判断买入、卖出实现盈利后产生的骄傲情绪，就是必然成功的骄傲；而通过听了别人的消息买入、卖出一个股票实现盈利后产生的骄傲情绪，则是偶然成功的骄傲。

在2007年上半年，一些朋友说自己炒股很厉害，赚了不少钱，觉得赚钱很容易，而一旦被问到用什么标准选股、如何判断买入点和卖出点时，很多人的回答竟然是"凭感觉就行了，我感觉很准的"。这就是在牛市中由于偶然成功的次数多了而形成的骄傲自大心理，这些人也必然是在熊市中亏损最严重的人。

另外，某司机是位有着七八年股龄的老股民了，他对KDJ、MACD、5日均线、10日均线、20日均线等指标相当熟悉，一般也是按照这些指标加上自己的经验来进行选股、选时、止损等操作的，在2006年上半年到2007年中资金翻了四倍，应该说他的盈利基本是由他自己的分析判断得来的，只要理性操作，应该是可以持续盈利或有效躲避亏损的。但是由于他觉得自己的水平已经到了一定的境界，普通个股的收益率已不再能让他满意，因此就开始炒权证，他认为自己股票多年的操作经验应该会让他在权市上有更大的收获，可惜的是权证毕竟和普通的个股不同，相关操作的难度也更大一些，再加上他经常外出不能盯盘而造成权市上的大亏出局。

可见，偶然成功的骄傲会让你输了都不知道是怎么输的，必然成功的骄傲则会让你输得后悔莫及。所以，偶然成功的骄傲要不得，必然成功的骄傲也不可取。

第30课　正确看待别人成功

人们对待别人成功的心态，往往反过来决定了他们自己是否能达到优秀。

我想每个人都会承认，世界上总有比自己更成功的人。一般我们在看到别人比自己更优秀时，通常会有以下四种心态。

1. 第一种是崇拜

"他好厉害哦，我好崇拜他。"有崇拜的心态，是因为你非常欣赏别人的成就，但知道别人的成就太高了，自己可能永远到达不了，所以仅仅停留在崇拜阶段。一般来说，对偶像的感情大多属于这种，崇拜刘德华、崇拜爱因斯坦、崇拜村上春树……但是你不可能也没有能力成为他们。

2. 第二种是眼红

"他真是幸运，让他做成了。"有眼红的心态，是因为你看到别人的成绩或境遇之后，自己也想得到。你可能眼红别人有份好工作，眼红别人有个好老婆，等等。眼红和妒忌是不同的，眼红从本质上说没有携带恶意因子：眼红是希望自己也能跟别人一样好；妒忌是见不得别人比自己好。

3. 第三种是妒忌

"他有什么了不起的，不就是……"有妒忌的心态，是因为你看到别人的成功之后，觉得自己并不比别人差（而实际上往往比别人差一些甚至差很多，至少心态上输了一大截），为什么他成功而我没成功。对比自己优秀的人，产生恶意的条件反射，总希望所有的人都不如自己。妒忌心重的人，往往因别人的成就而感到怨恨，又要为中伤别人而处心积虑。因此，妒忌总是以损人开始，以害己告终。三国历史上，东吴大将周瑜是何等的英雄气概、雄才伟略，已是人中龙凤，但他却偏偏要妒忌诸葛亮之才，千方百计要害死诸葛亮，结果害死了自己。其实周瑜也是相当有才的，可惜妒忌心太重，见不得诸葛亮比自己有才，故而在军事会议上刁难诸葛亮令其立下军令状，欲置诸葛亮于死地，结果目的没达成，后来反而被诸葛亮活活气死，死之前还发出"既生瑜，何生亮"的仰天长叹。

4. 最后一种是学习

"他原来是这样才成功的，我知道了。"有学习的心态，是因为你看到别人的成功之后，深入观察和思考了别人为什么会成功，然后自己去借鉴别人成功的方法。学会接受他人的成功与幸运，并不意味着承认自己的平庸与拙劣，而恰恰证明你的成熟与睿智。试想当初周瑜如果不是把精力放在如何千方百计整死诸葛亮上，而是尽量施展自己的才能或是学习诸葛亮的聪明之处，大可怀抱娇妻小乔做着一人之下万人之上的大都督，甚至可以逐鹿中原，与曹操一决雌雄，而不至于落得凄惨的收场。

具有以上四种心态的大有人在，我们也很难统计出各占多少，且各个心态都存在不断的动态转变。不过我们可以就四个层次的优劣度来做个比较，以什么为评判标准呢？我想以各个心态所产生的结果来判断是比较妥帖的，或者说大多数人关心的也无非就是不同心态最终形成的结果吧。

我们来看一下排序：学习>眼红>崇拜>妒忌。

显然，学习是最聪明的境界，取长补短、博采众长，是自我完善的步骤。眼红是低于学习的一个阶段，因为眼红可能会产生动力，即上升为学习；但也有可能由于过度眼红，不去关心差距背后的原因而一味埋怨怨恨，便堕落为妒忌——所以眼红也是一个可上可下、灵活机动的阶段，看个人怎样把握了。崇拜只是远远地仰望，不会产生妒忌，在一定条件下可能会产生学习的动力。

而妒忌就是最坏的一种了。妒忌，是对才能、名誉、地位、境遇等各方面比自己好的人心怀怨恨的一种情绪。妒忌的人容不得别人跑在自己前面，凡是跑在前边的人无一例外都是打击的对象。他们中的许多人并不是缺乏聪明才智，但是，他们的聪明才智被妒忌控制了，他们不怀好意地盯着跑在自己前面的人，挖空心思地用极其阴损的方法诋毁、陷害对方，让他受伤或倒下，一有机会就嘲笑他，或显示自己已经超越了他。当一个人的心灵被妒忌占据便会丧失理智，一切行为都被妒忌控制了，最终损人害己。所以说，妒忌会吞噬人心，妒忌的人是幼稚的，也是痛苦的。

第31课　嫉妒不可取

我们对才能、名誉、地位、境遇等各方面或其中某一方面比我们好的人可能会产生妒忌，妒忌的产生是基于个体之间的差别，或者说"差距"更合适些。天生的容貌、身材、聪明才智，可以成为妒忌的对象，其他如荣誉、地位、成就、财产、威望等有关社会评价的各种因素，也都容易成为人们妒忌的对象。我们绝不会去妒忌一个没落、潦倒的人，我们只会对比我们更优秀的人产生妒忌。说"他有什么了不起"的时候，我们其实也知道"他就是那么了不起"。所以我们在妒忌一个人的同时等于先承认了自己不如他。

产生妒忌情绪时，实际上你是想证明自己比别人强的，只是你想用否定别人、贬低别人、想办法让别人失败的方式来证明自己的成功。

妒忌是一种憎恨情绪，具有明显的与人对抗的特征，由此可能引发巨大的敌对心理。妒忌心理的对抗性来源于比较过程中的不满和愤怒，在意识到（或潜意识地觉得）自己不如别人而失落时产生的一种忌恨、仇恨心理，并把这种情绪发泄到在某些方面超越自己的人的身上。所以妒忌的本质是你不如人家，却去否定、挑战人家，甚至是无理取闹的挑衅。

我们总是不知不觉地对别人产生妒忌之心，或者不知不觉地受到别人的妒忌。在学生时代，同学之间看到班里成绩比自己好，或者人缘比自己好的人经常会产生妒忌（故意不选他做班长、在背后说他坏话、巴不得他考试失利等），但结果呢？真正出众的人照样出众，照样前途光明，不会因为你的诋毁而失去民心，不会因为你的妒忌而止步不前。

在投资市场上有一个很普遍的心态：妒忌比自己赚更多钱的人，嘲笑赚不到的人——也就是通常说的"气人有，笑人无"、"嫌贫嫉富"，这样的人不在少数。

记得有一次笔者参加一位分析大师在杭州举办的报告会，会场四百多个座位座无虚席，还有很多人是站着听的，可见这位大师的水平和行业影响力确实很高。但在大师演讲完之后的自由提问环节中，有人问的问题就充满挑衅色彩。比如有人问："你上次说多少点是底，为什么现在破了这个点位？"更有甚者问道："你的分析水平很高，你有没有根据自己的分析指导自己？你的账户交割单能不能拿出来给大家看看？如果可以，我想和你比实盘！"

那些来听专家报告会的人，其中大部分确实是抱着虚心虔诚的心态来学习大师的经验技巧，不管对自己有没有用，多了解一种分析市场的技巧总是好的。但还有一部分人往往是抱着不服气和挑衅的态度来的，他们无非是觉得自己也比较牛（甚至觉得自己比讲课的老师牛多了），想要通过否定大师、把大师比下去的形式来证明自己更牛。而实际上如果会场真的有比大师牛的人的话，他是不会站出来挑战的，因为他根本不需要妒忌大师。

最差的是那些自己赚不到那么多钱（甚至还是亏钱）的人，还去质疑大师的赚钱方法，提出尖酸刻薄、锋芒毕露的问题。专家说看涨，涨了则是运气、碰巧说中了，最好它跌，以证明专家是错误的；一旦跌了，则手舞足蹈、幸灾乐祸，巴不得全世界都来取笑那个人。

赚钱的因由成千上万，但没哪种是因为妒忌而赚钱的。如果人的时间和精力都用在这方面了，哪里还有工夫来分析市场，来学习投资技巧！在妒忌侵蚀之下不会进行理性判断，而只想跟能人对着干，被妒忌蛊惑的人赚不到钱是注定的，也是咎由自取、无话可说的。

第32课　应该挑战自己的内心

在投资市场，别人赚了钱是别人的本事；自己赚钱比别人少，是因为你没他牛。看到牛人，我们应该学习，而不是挑战。

因妒忌而否定比你牛的人，你不会变得更牛。妒忌缘于角色定位的错误，不能自得其所，理直气壮地认为别人理当不如自己，当现实与这个想法冲突时内心就扭曲憎恨别人。被妒忌充斥的人热衷的只是千方百计挑别人的刺，最好看别人出洋相，而不会想到如何改变自身、如何使自己进步。妒忌更多的是侵占你的内心，搅乱你的头脑，而不会影响别人的判断和决策，大部分情况下也不会让别人遭受损失。正所谓别人不会少一块肉，你也不会多一块肉。时间和精力都耗在无谓的事上，被妒忌蒙蔽双眼的人，就算机会来了也只会失之交臂。所以，因妒忌而否定比你牛的人，你不会变得更牛，还可能使你与牛人的差距进一步拉大。

因为妒忌，而去挑战比自己牛的人，只会自取其辱。如果不能客观地认识自己，总是认为自己应该是万事超人前，不可一世，甚至自不量力，老是用妒忌去对待比自己优秀的人，最终受伤害更多的还是自己。作家艾青说过："妒忌是心灵上的肿瘤！一切妒忌的火焰，总是从燃烧自己开始的。"妒忌者对别人惨败的兴奋往往胜过对自己成功的喜悦，对别人优胜的愤怒每每强过对自己失败的难过，设恶计陷害比自己更厉害的人终必掉进自己设计的陷阱里。历史上有名的就有庞涓与孙膑，两人是同学，拜鬼谷子先生为师一起学习兵法。同学期间，两人情谊甚笃，并结拜为兄弟。庞涓投奔魏国发达后，还将孙膑推荐给魏王，但是为了金钱、地位、名望，最后庞涓陷害了孙膑，致孙膑于残，迫孙膑于疯，最后还是被技高一筹的孙膑设计马陵道"死于此树下"，死前发出"遂成竖子之名"的悲号。以害人始，以害己终，实在可悲、可叹！还有武侠小说中，因妒忌大侠威名、妄想名扬天下，贸贸然前来挑战武林高人的，哪一个不是出手即死，有的都来不及呻吟一声。所以说，如果因为妒忌，而不自量力去挑战比自己牛的人，只会自取其辱，而成为大家的笑柄。

退一步讲，即使挑战成功了又怎样？虽然牛人可能也有缺点，但是战胜牛人的缺点不是你的光荣。一般妒忌的人总是会攻击能人的弱点，每个人都有自己的优势和缺点，用自己所长去攻击别人的弱点，即使赢了也胜之不武，能说明什么呢？通过卑劣的手段，攻击能人的缺点，如果把能人打败了，即使自己觉得心安理得，旁人也不会承认你比他强，甚至还会看不起你。

我们说，一个能战胜自己妒忌心的人，是一个了不起的人。人最大的敌人不是别人，而是自己，要想战胜别人，想要获得超越，最应该挑战的是自己的内心。人总是希望自己能不断进步，所以把眼光从对别人成就的嫉恨上挪开吧，看清自己的能力和不足，看清自己的优势和弱点，挑战自己、完善自己，才是有效的成功之道。

记着别人的成就，看清自己的道路，想要超越别人，首先要超越自我。

第33课　必须克服嫉妒

在自我实现受阻，而别人获得成功时，常会因受挫而产生妒忌心。针对妒忌产生的原因，可以采取以下方法缓解和消除妒忌：不要把预期定得过高；培养豁达的人生态度、自得其所，尽量不去与别人比，而是与自己比，要看到自己的进步；将别人的成功当做一道风景来欣赏，而不是对自己的剥夺或威胁；充实自己的生活，扬长避短，寻找自我价值，发挥自身应有的潜能……当然最重要的，是向优秀的人学习。

培根曾说："每一个埋头沉入自己事业的人，是没有功夫去妒忌别人的。"自己赚钱比别人少，是因为你没他牛。我们要正视这一点，向妒忌的对象学习是克服妒忌的最好方法，以学习别人的优秀之处、追求自我进步来摆脱妒忌。一旦你这样做了，你会发现自己的心境不一样了，学习的同时获得了新的动能，不知不觉间妒忌已经被远远地甩在了身后。一旦你达到了一定高度，要妒忌别人也不是那么容易的了。如果你看到100个比你牛的人，你从他们每个人身上学1个闪光点，你就有100分了，你就是最牛的牛人了。

比如有同学成绩比你好，如果你一味沉溺在妒忌之中，学习成绩不上反下，你会愈加地心理不平衡，愈加地嫉恨比你优秀的人，如此恶性循环，最终使自己陷于妒忌的沼泽而不能自拔，还不如以妒忌的对象为目标、为榜样，向他学习。之所以妒忌他，是因为他有值得妒忌的地方，那么就努力学习他的长处，以跟他靠拢为前进的动力，不知不觉哪天你已经达到了和他一样的水平，甚至还很可能超越了他。

投资也一样，大师之所以成为大师是由于他的过人之处。想跟大师一样赚钱，有些东西是你必须具备的。如何具备？只有学习！必然要经历从无到有的过程，大师们的成功经验是很宝贵的财富，有大师在前面是我们的运气，相较自己瞎摸索，学习是最快捷的途径。如果说有捷径，摆正心态，虚心学习牛人的投资之道，就是赚钱的捷径。

拿炒股来说，那些在股市中能始终保持长期稳定并且看上去轻松获利的个人投资者，虽然他们成功的技巧可能有所不同，但大部分人都具有一些共同的股市运作经验，比如有以下几种。

1. 选股少而精

成功投资者的选股数量较少，有的只选一两只。对选中的股保持长期的跟踪观察和模拟操作，对个股的股性非常熟悉，能够敏感地预测该股的短期走向，从而为自己准确快速出击打下坚实的基础。

2. 顺应大势

当趋势向好时，成功的投资者会积极做多。他们深知"覆巢之下，焉有完卵"的道理，所以当趋势恶化的时候，他们就会停止操作；即使他们选中了非常具有投资或投机价值的个股，也会忍耐着不去操作。

3. 合理调配资金

比如在做反弹行情时，可以动用1／4的资金；在做波段行情时，可以动用一半的资金；除非是行情在底部区域发生了根本性的逆转，否则，他们始终不会让自己处于满仓状态中。而且，随着行情的逐渐上涨，他们又会逐渐地分期分批地获利卖出。在别人还在争论行情的大小以及会涨到哪里的问题时，他们早已将最丰厚的利润落袋为安了，这样无论后市行情如何发展，都能游刃有余。

4. 操作方式灵活

成功投资者的操作方式比较灵活，比如，他们通常不给自己制定具体的盈利目标，如果趋势不稳定，他们可能赚个1%～2%就走，绝不会发生被盈利目标牵着鼻子走而陷入套牢的情况。再如，他们也不把自己的操作定性为长线、中线或短线，在实际操作中完全根据市场的具体情况，该做长线就做长线，能做短线尽量做短线。因为操作方式的灵活机动，他们在快速获利的同时有效地回避了投机风险。

5. 善变

成功的投资者善变。这种善变指的是投资理念的善变、投资技巧的善变、选股思路的善变。因为股市是始终处于不断发展变化中的，所以他们所有的善变都是立足于市场的变化基础上的，是建立在不断刻苦学习和研究基础上的。成功的投资者不会守着以往的成功经验故步自封，他们会随着市场的改变而相应地改变自身，从而更好地适应并生存于市场中。

学习大师的经验和技巧，而不是去诋毁它、排斥它。诋毁不会达成自我完善，只会促进别人的辉煌，排斥前辈先进经验的同时会把成功也拒之门外。学习让自己更成功，妒忌只会让别人更成功，只会拉大你和成功者之间的差距。

所以想赚钱、想成为让人眼红的牛人，首先要克服妒忌，使它升华到学习的境界，才能真正让财富也得到升华。

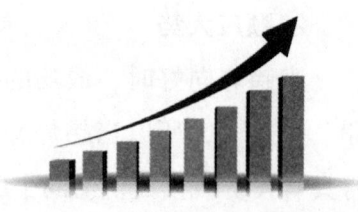

只有认识自己，才能管理自己

第34课　了解自己的人才能有成就

按理说，每个人和自己"待"在一起的时间最长、"感受"自己的时间最多，应该最了解自己。可是，现实的情况往往是，我们总能看破别人，却总是看不清自己。

我们善于分析总结别人为什么成功、为什么失败，为什么优秀、为什么拙劣，为什么开心、为什么失落，为什么感动、为什么愤怒……可当分析自己的时候，似乎永远不能像分析他人那样清醒、那样有条理、那样准确。

或许这就是所谓的"当局者迷，旁观者清"。

我们也常常看到很多为人师表、受人尊敬的长者教别人能够头头是道，帮助别人总能帮到点子上，替别人解决问题也能一针见血，可在自己遇到稍大的问题时却时常解决不了，甚至不知道自己为什么会遇到这样的问题。

这些就是人们对自己不了解的体现。

对每个人的人生而言，首先我们要知道自己是谁，要知道自己想要成为怎样的人，要知道自己想要什么，而且越早知道对自己越有意义。很多人一生都不知道自己应该定位在何处，茫茫然然生活，忙忙碌碌工作，无所谓兴趣，也没有成就感，当匆忙走完一生的时候，唯有留下一声叹息：人生的价值在何处啊！

在多数人的高中时期，参加高考填志愿时，很多人报考什么学校、什么专业都是父母或是老师代办的。等自己上了大学才知道原来有这么多专业可以选，而自己学的却不是自己想要的，有些人就此学习、生活、工作在不情愿之中，没了激情当然就难有大成就。如果当时所填志愿是在明确自我定位的情况下自己做主填的，也许就容易朝着自己向往的方向前进；或者即便被他人做主后学了自己不喜欢的专业，也不要紧，只要明确自己的定位，大学里换专业、工作后换行业都不是不可能之事，无非是多用两年时间从头来过而已，而数十年的人生却会因此而充满乐趣和价值。

西楚霸王项羽，依靠自己战神般的神勇无敌和英雄式的一呼百应，一举破秦。可他没弄明白，暴秦被推翻，天下基本上被他一统之后，自己到底是想做一个统治所有其他王的王呢？还是和其他王平起平坐的王？他也许有雄心但绝对没想清楚是否要学人人唾骂的秦始皇那样称帝，更没有控制好自己分封的其他诸王，最终落得个被分尸乌江的悲壮结局。如果他推翻暴秦后明白自己要什么，就不会如此犹犹豫豫，也不会不去限制其他诸王的发展或倒戈，机会就会站在自己这边，而不是被刘邦夺得天下。

在投资中，也是如此，我们必须首先弄明白，我们投资是为了什么，我们想从投资市场得到些什么，我们自己又想在投资市场扮演怎样的角色。只有先把这些想明白了，才可能制定适合自己的理财计划，才能把投资为我所用，而不是把自己搭进去，为投资所累。

第35课　炒股需要了解自己哪些方面

"知己知彼，百战不殆"，想要"不殆"，先要"知己"。

"知人者智，自知者明"，真正高明的人能够做到"自知"。

"知己"也罢，"自知"也好，都是了解自己的意思。对自己的了解，是成功的必备条件。

事业上也好，投资中也罢，多少人想要有所作为，但成功者却寥寥无几，为什么呢？是不努力的原因吗？未必。很多人都是因为不了解自己才无法走向成功。所以，我们要想发展自己，就必须先了解自己。

了解自己，主要就是要了解自己的三个方面，即：①了解自己的品性；②了解自己的才能；③了解自己的兴趣。我们可以通过"以己为镜"或"以人为镜"的方式了解自己，即通过自我观察和请别人观察的方式。

1. 了解自己的品性

品性大约是天生的，品性可以克制，但较难改变。人的大多数品性也无所谓好坏，比如不管你是个急性子还是慢性子，是个有一说一的人还是有点城府的人，是一个坐得住的人还是好动的人，是一个细腻的人还是粗线条的人，是个不善言辞的人还是滔滔不绝的人，是个理性的人还是感性的人……你都会被某些人欣赏、同时被某些人讨厌。真正完美的人，或是完全能改善自己品性的人，毕竟少之又少。

了解自己的品性，可以让你知道自己适合做什么事。比如你是一个好动之人，或许就不适合做长线投资。

2. 了解自己的才能

才能有些是天生的，大部分是后天培养的，是能够不断提升的。也许你有领导才能、管理才能、协调才能，也许你有整合分析才能、精确计算才能，也许你有艺术才能，也许你有文字驾驭才能……总之，你的才能是你赖以生存的能力，是你用于创造价值和获得财富的能力。为了寻求更好的生活质量，获得更多的个人财富，我们总是习惯于逐步完善自己的才能。

了解自己的才能，可以让你知道自己能够做什么事。比如，你有精确计算才能，或许就可以很好地分析计算个股（或合约）的各项技术指标，并以此形成操作判断。

3. 了解自己的兴趣

一个人的兴趣可以是比较广泛的，也可以是非常集中的，但一般而言，兴趣会体现在同一类事物上。兴趣是个很奇怪的东西，人对自己感兴趣的事物会形成由衷的向往和内心的共鸣。有些人一生都不知道自己真正的兴趣所在，有些人却从小就知道自己喜欢什么。比如你的兴趣是诗歌、绘画或音乐，是建筑、军事或武术，是表演、旅游或科幻……

兴趣与成功有着密切的关系，我们对感兴趣的事物愿意投入更多的时间、精力和财力，遇到不顺利和阻碍也较愿意去克服。

了解自己的兴趣，可以让你知道自己向往做什么事。比如你的兴趣爱好是旅游，那么投资股票时可以多关注旅游板块的个股。

我们在生活工作中遇到的事情如果能适合自己的品性，体现自己的才能，迎合自己的兴趣，我们就一定能做好。因此，了解自己的目的在于：在能够选择时选择自己能做好的事，在不能选择时努力克制自己或完善自己以便较好地完成要做的事。

第36课　了解炒股对你自己意味着什么

对理性的人来说，做每一件事情都会弄清楚目的是什么。如果不知道自己的目的，事情又从何做起，到何结束呢？投资更是如此，如果不知道自己的投资目的，哪会有正确的投资方式，哪会有稳定的投资收益呢？

所以，如果你想投资理财，就要先问问自己是想通过理财赚点小钱过点小日子的人，还是想要做赚大钱有大成就的人；问问自己投资理财只是为了改善生活，还是想靠此致富发财。其实很多时候，我们投资理财只不过是想让财富不贬值，同时能有个比银行利息好一点的收益就可以了。如果这是初衷，那就不要被所谓的股神诱惑到以暴利为目的，不要被众多看不懂、听不懂的专家引导到专业炒股（或专业炒期货）的境地。

如果不知道自己为什么投资，那就无法为自己选择合适的投资工具。

你是要做股票还是期货，要买房产还是炒外汇，要买基金还是买黄金，或者什么都不做，把钱乖乖地存在银行，吃一点稳定的利息（虽然利息少得可怜）？

分析大师李欣京曾说过：想解决温饱你就投资股票，想变成富翁你就投资期货，想一夜暴富你就投资期权。只有明确了自己的投资目的，当然同时也要明确自己的风险承受能力，才能选择适合自己的投资工具。

如果无法定位投资在生活中的角色，那就无法找到适合自己的投资方式。

有人把投资看做是工作以外的事，有空才做一把；有人把投资看做是每天需要花点时间关注的事；还有人把投资直接作为工作，除了投资就不再做其他正事了。

对你而言，投资应该是工作，还是工作之余的事，不取决于投资的回报率，而取决于你自己希望投资在生活中占多大的比重。如果确定要做投资了，你是要天天看盘，还是偶尔看盘，或者索性交给别人去操作（比如交给公募基金经理、私募基金经理，甚至交给更灵活的朋友去做），不取决于你对投资收益的期待，而取决于你对操盘有没有兴趣、想花多少精力去操盘。

第37课　必须比了解市场更了解自己

市场是可以被了解的，但市场不可能被完全了解，即使是专家也只能了解市场的局部而非全部。根据了解的局部信息去做判断、做投资，可能会胜出也可能会落败，关键在于你掌握的局部信息是不是左右市场价格的最关键信息。

在资本市场有一句话"历史是可以重演的，历史也是可以被创造的"，对市场的了解一旦上升到所谓"经验"的层面，往往有时正确，有时又被无情地否定。

原油从2008年7月11日最高点147.25美元跌到2008年12月24日的35.16美元，几乎出乎了所有人的意料。此前业界很多研究原油的专家认为，原油的支撑位是80美元、60美元，或者最低是50美元，可是原油价格无情地下跌到了40美元并破了40美元，是这些专家不了解市场吗？显然专家们总会比普通投资者更了解市场，能更早获得第一手市场资料，能获得更广泛的供求信息，但即便如此，他们的判断也每每出错，为什么呢？很简单，市场总是能被了解，但总是不被全面了解。

作为投资个体，去了解部分市场信息也是可以的，但一定要明白凭借个人的力量想要全面了解市场、精确把握行情几乎是不可能的。如果投资决策依赖于对市场信息分析所得的结论，那结局往往是致命的。对投资个体而言，花时间、花精力去了解市场，还不如去了解自己。相对不可全面了解的市场，要深入了解自己还是比较简单的也是可以很好地做到的。

所以说，你可以不了解市场，但一定要了解自己。所谓的了解了市场未必赚钱，所谓的不了解市场也未必亏钱；但是不了解自己，亏钱是正常的，赚钱也是瞎蒙的。

每一个想要稳定盈利的投资者，必须先了解自己；每一个想要了解自己的投资者，可以问自己以下这些问题。

1. 你的资金规模多少

你用于投资的金额是1万元、5万元、50万元还是1 000万元？如果你只有1万元，很明显你不能买100元以上的高价股，不能做铜这样的较大的期货品种；如果你有1 000万元，你就最好去做盘子较大、流动性较好的股票或期货合约，否则进场出场都会出现问题。当然，如果你的资金比较多，比如在500万元以上，想做投资工具的组合也可以，比如可以配置200万元的房产、100万元的债券、150万元的股票、50万元的期货。

2. 你的风险偏好度和承受度是多少

你喜欢高风险高收益的快感，还是偏向于规避风险，小赚一点就好？你用于投资的钱最大的亏损空间是多大？0、5%、10%、20%还是50%？不同的风险承受能力，应该配置不同的投资工具，或者控制不同的仓位。比如亏损最多20%的投资者，可以把钱全部投入股市，也可以全部投入期货市场但仓位最好控制在40%以下；而必须保本的投资者只能把钱投在固定收益的债券或是直接存银行了。

3. 你有充足的时间交易和学习交易技巧吗？

你工作很忙，投资只是业余做做，还是工作比较清闲，可以有较多时间看盘，或是你已在专职做投资？在投资中，时间管理和资金管理同样重要。如果你没有太多时间看盘，那么最好是做长线；如果你连学习交易技巧的时间都没有了，那么最好把资金给专业的人管理；如果你可以实时盯盘，那么你可以做短线，在掌握了各类交易技巧后，也可以做长线短线的组合。

4. 你的自律能力有多高

平时你对自己的要求都会实现吗？还是你经常找理由、找借口向自己妥协？或是你总是经不住行情的波动和别人的诱惑？如果你是自律能力高的人，那可以自己操盘；如果你自律能力较低，则可以交给别人操盘（可以是完全交给别人做，也可以是你制定好交易规则后让别人严格执行）。

5. 你经常被别人左右吗？

你的自我意识有多高？自己的想法会不会去坚持？会不会一听到别人说什

么就开始怀疑自己，或是看到比自己牛的人做什么就很想跟着做？如果你不容易被别人左右，那么最好是根据自己的操盘经验制定出适合自己的交易规则，然后严格执行，逐步完善；如果你很容易被人左右，那么最好是自己不操盘，交给你认为很牛的人去做即可，或是完全去除自己的判断，拿你认为很牛的人的交易系统来做。

6. 你会保持学习心态，不断完善自己的交易系统吗？

你赚了点钱就会骄傲自满，还是会继续前进？你的交易系统形成没有；如果形成了，是一成不变还是会自我完善？保持学习的心态和不断完善自我境界是让自己在任何行情中不败的保障。如果你可以保持学习、不断完善，你就可以把投资永远经营下去，并得到持续收益；如果你习惯于浅尝辄止，要么改掉这个习惯，要么别去期待稳定收益的奇迹。

最后，问一下自己行不行。如果知道自己行，就不要听别人的；如果知道自己不行，就不要让亏损继续下去。

第38课　学会宽容，收获快乐

我们必须懂得适时地宽容自己，才不至于落得自己放弃自己的地步。

一个人在行为上、思想上、情感上可能每天都在犯错，也总是因为方方面面的不足和失误，经常有无奈、有遗憾。但我们要想一想，如果我们不能用宽容的心来释放自己，我们的生活该多么沉重、多么压抑啊。

有时候，我们无法走出自我的怪圈，其实我们不妨把自己看作一个外体，看作另外一个人去理解、去宽容。这样，我们就不会在自责的阴影里走进越来越窄的死胡同。

在投资中也是一样，我们要明白股票涨和跌都只有50%的概率，期货做多做空也只有50%的胜率。在投资中，你的每一次判断都只能有50%的正确率，投资中交易方向判断的错误也好、失误也罢，倒不如看做是必然的概率而已。

即使你有严格的交易规则，但人毕竟不是电脑，难免会有失误的时候，更何况，有时错误并非是你的判断引起而是执行规则的使然，因为所谓的规则也未必是完美的，也是需要逐步完善和改进的。

其实，不管是在生活中、工作中、情感上还是投资中，我们都不可避免地在犯着或多或少的错误，在经历大大小小的失败。所以很多时候，自己的错误和失败本身并不重要，重要的是我们对待它们的态度。

在人生经历错误和失败时，不应痛恨自己、惩罚自己，而应宽容自己。宽容自己不是忘却、不是逃避，而是让自己保持最好的心态去面对问题、解决问题。带着宽容的心，冷静地思考，在第一时间修正错误带来的损失才是最重要的。而后，记下这次教训，学会应对或克服的方法，下次尽量不犯。

宽容自己，就是对自己信任，自己犯了错误，相信自己能够很快爬起来。

宽容自己，就是要允许自己有非致命的缺点存在，可以犯一些非致命的错误。如果整天害怕自己会犯错，就会变得战战兢兢，没有胆量去迎接挑战，去把握机会，也就失去了成功的可能和生活的乐趣。

宽容自己，就是不要陷入自己挫折和失败的深渊中不能自省。把自己从挫折的痛苦中解救出来，坦然和冷静地面对失败，才是成功的新契机。

宽容自己，就是对自己要有合理要求，但不要太苛刻自己、太为难自己。给自己不可能完成的任务，只会增加自己的负担、压力和失败的可能。

宽容自己，就是要懂得适当地放松自己。如果为了这个、为了那个，每天都把自己弄得筋疲力尽、形容憔悴，只会使自己健康的身体和心态加速枯竭。

但宽容自己不是放纵自己。宽容是良性的，它可以造就新生，它是对生活充满希望的忍耐。而放纵是恶性的，它将把生活推向毁灭，它是缺乏人生目标的堕落。

宽容自己不是为所欲为。毫无节制的人，只能逞一时之快，最终必将以失败者收场。

宽容自己不是忘乎所以。眼中只有自己，心中只在乎自己的感受，没有责任心的人永远得不到社会的尊敬和赞美。

宽容自己，要讲究一个度。不是说犯了错，都不用承担责任，都不用去修正完善。责任还是要承担的，错误还是要改正的，只是说在勇于承担责任、积极改正错误的同时，别把自己弄得不可挽回。

我们要学会宽容。学会宽容他人的同时，更要学会宽容自己。让宽容成就你自由浪漫的人生，让宽容成就你快乐收获的财富。

第39课　自我宽容机会多

我们所受的教育、我们所看到的社会正面形象都让我们懂得宽容别人，甚至以德报怨的重要性；但是很少提及宽容自己的必要性。

我想，可能是因为我们奉行的为人处世之道让我们时时注意着要宽容别人。当别人不小心撞我们一下表示道歉时，我们会说"没关系"；当别人努力之后还是失败时，我们又会去给予安慰和鼓励"你已经尽力了，下次会做好的"。我们为了理解他人、宽容他人总是考虑周全、付出很多，可唯独对待我们自己却忘记了宽容，失去了耐心。

任何人的一生都只可能在挫折中不断完善自我，而不可能是一帆风顺、完美无瑕的。我们时常犯错误，我们的人生充满了失败、坎坷和不如意。在种种不如意面前，我们不仅需要别人的宽容，更需要自己的宽容。他人的宽容只是对伤心和痛苦的安慰，自己的宽容才是勇气和力量的恢复。

宽容自己的缺陷，发挥自己的优势才是自信的表现。如果拿破仑和邓小平都因为自己太矮而瞧不起自己，那么世界上就少了两个惊天动地的伟人。

宽容自己的过去，勇敢向前迈进才是成功的转机。人生的道路上坑坑洼洼、坎坷不平，摔倒了爬起来就是，不用老是记着自己跌倒多少次、跌得有多惨，没有必要给人生旅途增加太多的牵绊，吸取教训后勇往直前才能走向胜利。

因为自己水平不够高、因为自己的眼神不够好，或是因为自己一时的太冲动、太贪婪，导致一笔单子下错了，亏损了，马上改过来并吸取这个教训就是，没有必要总想着自己的过错、总觉得自己很无能，更应该杜绝破罐子破摔、放弃止损、看它能亏到哪里去的心态。

当年项羽在大泽中被困，估计逃脱不了，就对他的部下说："我从起兵到现在八年了，亲身经历七十多次战斗，反抗我的人全都失败；攻下的地方，人都顺服，才有现在的霸业。但今天终于被围困在这里，这是上天要灭亡我，不是打仗的过错啊。"

项羽明显不是在宽容自己，而是在推脱责任，把失败的责任强加给不可违逆、不可战胜的"上天"，却不去分析自己的弱点和不足，哪有不败之理？

之后，项羽孤身一人退到乌江边时，乌江亭长撑着船对他说："江东的地方虽不算大，也是方圆千里，有数十万人，凭借它足可称王。愿大王赶快过江！现今只有我有船，汉兵追来，也无法过江。"项羽苦笑着说："上天要灭亡我，我为什么还要渡江回去呢？况且我和江东弟子八千人一齐起兵向西，现在只有我自己活着回来，纵然江东父老乡亲可怜我，让我称王，我又有什么面目去见他们呢？他们即使不怪罪我，难道我就不心中有愧吗？"于是就拔出宝剑，自杀身亡。

连撑船的老人都已宽容了项羽的失败，可是项羽还是不懂宽容自己，认为自己已没脸见江东父老了，从而失去了东山再起的机会，反而成就了刘邦的帝业。

别人做错了，或是做得不够好，总是抓着别人的小辫子当然是不对的，因为如果不去宽容别人，一来解决不了问题，二来没准还会被其他人鄙视（说你度量太小了）。同样，自己做错了，或是做得不够好，对自己严格一点是对的，要求自己不断学习、完善改进也是对的，但是总是抓着自己的错误和不足，不肯原谅自己、不肯宽容自己就不对了。因为不宽容未必会取得最好的效果，有时甚至会带来负面效果，总是抓着自己错误未必下次就一定不再犯同样的错误。

只有宽容自己，才能在第一时间放下负担、内疚、担惊受怕等负面情绪和压力，去寻求改正错误、弥补不足的方法，才能最有效率地解决问题，才能最大限度地发展自我、完善自我。

只有宽容自己，才能再给自己创造机会，才能给自己带来新的转机，即使全军覆没也有东山再起的机会。

只有宽容自己，才是真正英明的选择和决策。

第40课　不要神化任何人

我们在读伟人传记的时候，时常发现原来伟人也有犯错的时候，也有头脑不清醒甚至立场不坚定的时候，可这一切并没有妨碍他最终成为伟大的人物。同样在生活中，我们崇拜和追逐的偶像、大师也时常会说出一些惊人之语，做一些惊人之举，似乎和他们的偶像、大师地位甚不相符，可这一切也没有阻碍他们成为千万粉丝追逐的对象。

可见只要是人，不管是伟人还是平民，不管是大师还是凡人，不管是智者还是愚者，都不可能是完美的，不完美并不意味着不成功，也并不意味着不伟大。

在投资中也是一样，所谓的投资大师也是经历了很多错误才成长起来的，甚至他们在成为大师之后还会偶尔做一些错误的决策。更何况是普通投资者呢？

我们每个人的精力有限，不可能了解所有的基本面和技术面，掌握一个个股或一个期货品种所有的涨跌动能，计算出所有的技术突破的可能性，然后再做决策，因此决策往往是片面的。

我们每个人的水平都是有限的，即使能判断、能算出下一天是涨是跌的概率，但是具体涨多少、跌多少、什么时候涨、什么时候跌都是不可能准确预测的。

我们每个人的智慧、理解能力、分析能力是有限的，因此自己的操作策略、交易方式必然也不是最完美的，难免会有瑕疵和不足，以此去指导交易必然会有不尽如人意的地方。

我们每个人的思维都是主观的，不可能做到绝对客观。决策永远是主观的，市场永远是客观的，主观只能与客观同行，不能平行，因此你的主观判断和客观市场永远是存在差距的，永远存在不可磨合的排他性。

哪怕你已为自己制定了适合自己的交易规则，并且你的投资决策是对交易规则的严格执行，那么交易规则也是之前凭你的主观设计的、凭你不够完美的技术水平设计的、凭你的不够全面的统计数据设计的、凭你的不够全面的验证效果设计的、凭你的有限时间和智慧设计的。也就是说，它必然是不完美的，执行并不完美的规则当然得到的收益也是不完美的。

对一个交易系统而言，当我们遇到一些特殊行情时，即使严格执行规则，连续两个月回撤也是有可能的。如果遇到这种情况，不要责怪自己，更不要失去信心。要做的只有两件事：①完善自己的交易系统，尽量设计出指标，做到对某些行情的回避；②主动选择个股或品种，规避正在横盘震荡的个股或品种。

所以我们应该把自己看做是人，而不是神。我们可以通过自己的努力趋于完美，但永远无法真正达到完美。在投资中，我们应在遵守纪律的前提下，明白自己的水平和处境，更要宽容自己的失误和不足，再加上直面问题的胆量，分析错误的勇气，不断学习自己所欠缺的，不断完善自己的交易系统，才能走向较高水平的稳定盈利。

第41课　无需妄自菲薄

上帝给每个人优点的同时，也给了每个人缺陷。所谓人无完人就是这个道理。每个人都有擅长和不擅长的地方，拿自己的弱项和别人的强项比当然是比不过的。我们更多地应该去发现和发展自己的优点，并把它发扬光大，这才是真正意义上的宽容自己。

另外，我们每个人都是成长的个体，都是在努力工作、勤奋学习、不断修正中完善自己，相对优势是靠时间积累的，绝对优势是靠稀缺资源占有的，同时占有稀缺资源也是需要时间积累的。因此每个人不可能一下子就成为行业领军人物，就好比优秀的将军一定是从优秀的士兵做起的。

我们每个人都有自己的职业，和行业中最牛的人相比，我们自然是逊色的，但我们没有必要因此而看低自己、否定自己，我们应该宽容地看待自己的不足，看待自己的相对弱势，因为只有理性认识自己的不足，只有坦然面对自己的相对弱势，才会有勇气接受现实，有耐心超越现实，有勇气迎头赶上。

其实要和行业中最牛的人相比，还不如和自己的过去相比。你和行业中最牛的人物比必然是有差距的，而过去的你和现在的你相比有没有差距？行业最牛的人领先你多少或许重要，但现在的你领先过去的你多少更重要，如果现在的你领先过去的你越来越多，就是你最大的成功了。

同时如果要和别人比所获得的成就的大小，还不如和他们比进步速度的快慢。你目前的成就或许比很多人都小，但你进步的速度是否比他们快呢？如果你进步的速度比他们快很多，那么迟早你会赶上并超越排在你前面的人。

在投资中，你是不是一听到别人的盈利水平比你高就羡慕不已，就觉得自己不行呢？如果你在自己合理的时间管理、资金管理的前提下，严格执行为自己设定的交易规则的状况下，每年能稳定收益30%~50%，那么让这样的收益持续下去即可，不用刻意和别人比收益率。也许别人某一天、某一个月比你的收益高一点，但我们应该去比长期的收益状况，去比收益的稳定性，去比收益的可增长性，我们必须宽容自己一时间收益不高的状况。

话又说回来，别人一时间的收益率比你高，自然会有他的原因，有些原因可能是偶然的，有些则是必然的，有些可能需要忽视，有些则必须重视，并且加以学习和研究。一般而言，别人的收益比你高有以下几种情况。

1. 那是人家偶尔的运气

人家只是赌对了几次行情而已，高收益只是一时的，无法持续，用三年或五年来比，一定是你的收益更高。

2. 人家的状况和你不同

比如人家做投资已经十年了，你才一年，人家形成自己的交易系统后已经过若干次的修正完善，你还刚刚制定适合自己的系统，甚至还在凭感觉交易。比如你的资金是500万元，人家的资金是5万元，小资金更容易进出场，更便于捕捉机会，所以他收益高。比如你有自己的正式工作，交易只是偶尔做做，而人家却是全职做交易的，每一个机会都可能捕捉到。又如你的风险承受能力是200%，而人家是80%，那么在抓对行情的前提下，他的收益率当然会比你高……

只要你不可能、不愿意改变自己的状况，变成他人的状况，那么以上列举的任何情况造成的盈利水平差距，你都不用羡慕，因为你达不到。

3. 行情偏爱人家的交易系统

在一段时间里，人家的收益率比你高，很可能是这段时间的行情更适合他的交易系统。比如你是短线交易者，他是长线交易者，那么在一波振荡向上的行情中你可能没有赚钱，而他的收益却不错。

4. 人家确实比你厉害

人家的投资经验、风险承受度、可支配时间、可动用资金都和你差不多，而他的下单准确率、投资收益率确实比你高，那么他是真的比你厉害，他的投资策略和交易系统也比你更完美，你应该虚心地向人家学习讨教，应该好好地研究人家的交易手法，以完善自己的交易水平。

第42课　宽容才能成就完美

每个人都想完美，不管是生活、事业、爱情还是投资，都是如此。但坦白地说，仅把其中一项经营到完美境界的人都少之又少，又怎么可能做到事事完美呢？

在个人能力有限的情况下，一味地苛求自己未必能达成完美，反而会起到相反效果。如果你现在还是个小职员，而苛求自己一年内做到总经理，很可能没日没夜地工作，累垮了身体也达不到目标；如果你的月收入只有5 000元，而苛求自己两年内买别墅，很可能为了攒钱放弃了所有的兴趣爱好、失去了所有的亲朋好友；如果你的交易水平目前还处在亏损状态，而苛求自己下个月就达到200％的收益，很可能出现赌博心理而输光本金。

因此，只有在发现自己不足的情况下，先宽容自己，然后理性地、心平气和地找出问题所在，再努力完善，方可走向完美。

宽容自我，就是要真诚接受真实的自己。清楚自己的所求、所需，知道自己的优势、特点，了解自己的秉性、不足，保持良好的情绪，坦然看待自己一切的美好与片面、善良与欲望、长板与短板，而后逐步完善自我、超越自我，最终走向完美人生。

第43课　善待自己很重要

　　人类很渺小，对浩瀚宇宙来说，我们只不过是一滴水珠，一粒尘埃。我们随雨而落，随风而飘。我们的力量是何等有限，但我们却生来就具有思想，自由的思想既是我们的翅膀也是我们的牵绊，正因为我们有思想，我们才可以不同于世间万物而创造璀璨的文明，享受物质的丰盛，感悟情感的涟漪；可也正因为我们有思想，我们有欲望、有贪念，会冲动、会伤心、会无奈、会痛苦。我们总觉得自己还可以得到很多，总觉得自己还不够努力，总觉得自己还不能停下来。

　　我们很渺小，可我们的思想又何等无限，但是生命只有一次，我们必须善待自己，善待自己就是珍爱生命。正如《善待自己全集》一书所说的那样：人的生命就在一呼一吸间，即使长命百岁，也无非是一呼一吸的多次重复，时光易逝，生命有限。活着就是快乐，活着更是一种幸福，活着就要有活着的意义。因此，我们应该学会善待自己。学会善待自己，平淡地看待虚浮的名利，理智地去掉莫名的烦恼，巧妙地解除心灵的羁绊；学会善待自己，换一种轻松的活法，获一身爽适的健康，多倾听生命的声音，多采撷人性的光辉，就能多感悟人生的真谛，开启智慧的心灵，我们就能把握美好的生活，并时时在生活的海洋里畅游；学会善待自己，才能让自己过得好一些，才会让生活过得丰富一些。世界与你同行，你就是弥足珍惜的沧海一粟，你要学会善待自己。善待自己，才不会逃避自己，丧失自己。生活是残酷的，人人都需要自我保重。善待自己是健全人生的支柱，是人生动力的源泉，忽视自我关爱，生活的利刃就会割伤你的身心。

　　我们很渺小，世界对我们来说有着太多的不可控性，因此我们第一要懂得努力去做，第二要懂得尽力而为，第三要懂得量力而行。面对不可控的世界，不管我们是否取得了大成就，都应该善待自己。如果我们努力了，获得了，就应该犒赏自己一下；即使我们还在努力中，所得还不多，也要适时放松一下、充一下电。同样，面对不可控的市场，不管我们是否赚了大钱，也都应该懂得善待自己。

第44课　不要亏待自己

中国人的价值习惯是既讲尊老，又谈爱幼，就是不说如何善待自己，似乎时时克制自己、处处为难自己、事事亏待自己反而都是应该的、是善的、是美的。

其实，任何事都要讲究一个度，没有本我超脱，一切外在的赞美又有何意义？我们要爱亲人、尊师长、重朋友，但我们不是为了别人而活着，我们必须时不时地提醒自己"对自己好一点"。

善待自己，就是不要亏待自己。如果有能力吃饱，就不要让自己饿着；如果有能力穿暖，就不要让自己冻着；如果有实力买房，就不要让自己寄人篱下；如果一天的工作做完了就早点回家休息，没有必要再加班熬夜；如果一年中有空闲和余钱去旅游，就不要让自己在家里发呆……

明明有欲望，并且是合理欲望，却假装没有；明明有需求，并且自己有能力满足这个需求，却千方百计把需求压制。这是过分苛求自己，对自己太苛刻，从某种程度上来说也是在欺骗和压抑自己。客气谦让和勤俭节约，是中华民族的传统美德，我们要弘扬，但不能做过头，否则效果适得其反。

客气、谦让是好事，朋友之间的交往，甚至对待陌生人都应该如此，但不要过头，否则可能使给予者和谦让者都很尴尬。比如你去拜访朋友，他问你要不要吃苹果，你说不用了，他以为你是客气，再问你，你还是说不用了，当第三次问你你还说不用时就有点尴尬了。一个显示热情，被客气地拒绝数次后可能以为你看不起他；一个只是客气一下，本想推脱之后还是要吃的，没想到推托过头了，也就只能干咽口水了。

　　勤俭节约也是好事，我们平时生活都要注意这一点，但同样也不能过头，否则我们辛辛苦苦创造了这么多的物质财富有何用？我们自己不去享受，难道只是留给下一代或是送给别人享受吗？有个故事讲美国老太太贷款买房，过得舒舒服服，到去世之前才把贷款还清；而中国老太太辛苦一生，攒下每一分钱，到去世前终于买得起房子了可自己已经无福享受。我们努力工作、努力赚钱、适当省钱都是对的，但是一定要善待自己，不能对自己太苛刻，否则可能回过头来想让自己享受一下时已经没有充足的时间和健康的身体了。

　　所以说，善待自己会快乐，亏待自己会后悔。

第45课　不要太苛责别人

　　每个人都是自由的，因此我们也许可以影响他人的思维，但不可能控制他人。别人重视你还是忽视你，善待你还是亏待你是别人的事，你可能无法左右。实际上在大多数情况下，你管不了也没有资格去管别人的思想和行为。所以说，想要生活快乐一些，家庭幸福一些，自己善待自己才是第一要义。

　　自己的事业有所成就了，自己在投资市场赚到钱了，都不是给别人看的，而是善待自己的物质条件，同时也是让自己更有能力善待家人和社会的物质条件。

　　别人可以对不起你，但你自己绝不能对不起自己。

　　我们要做到反省而非自责。反省和自责是两回事，有些事情做错了或是做得不够好，我们就应该反省而不是自责。

　　比如家里来客人了，而你做的某个菜不够好吃，这时应该做的是想想这道菜为什么没做好，下次如何放调料、如何掌握火候才能做好，而不是一再责怪自己没有体现出应有的厨艺，让客人失望了等。

　　或者你在投资中一笔单子亏损了，应该做的是及时止损，并且思考这笔单子为何亏损，是下单时太冲动，是时机选择错误，还是没有按照既定的规则操作？而不是不停地责怪自己亏了不该亏的钱。

我们要对自己高要求而非太苛求。高要求和太苛求也是两回事，对自己高要求是让自己更出色，而太苛求则会让自己精疲力竭。

比如你希望在工作中得到更多肯定，获得更高职位和薪水，因此你每做一项工作都给自己一个最低标准，而这个最低标准又是其他同事或同行的中上水平，并且你每天工作12个小时，于是对自己的高要求很快就让你脱颖而出；但如果你不断苛求自己，每项工作必须做到公司最好甚至行业最好，每天工作16个小时甚至更多，那么或许一开始你会进步较大，但最终你会发现你的进步是无法持续的，因为你不可能事事第一，也不可能只有工作没有其他。

或者你希望在投资中能够持续盈利，因此你不断学习各种操盘技巧、研究各种技术分析，当然足够的努力加上良好的心态一定会让你有不错的盈利，可如果你一再苛求自己提高收益率，那就会造成当下水平和预期盈利的严重不符，甚至造成盈利预期和市场机会的严重不符，最终可能比之前的收益更低。

我们要对自己严格而非无情。严格和无情更是两回事，对自己严格一点是为了少犯不必要的错误，而要求自己不犯任何错误是不可能的。人毕竟不是电脑，能够不停运作，并且能够绝对按照程序运作，人因为有感情、有思想，体力和精力有限，因此难免会有些失误。

比如你对自己写报告很严格，不允许有错别字和语句不畅的问题，因为你每次都很细心并且检查多次，基本可以杜绝错别字和语句不畅，但是如果真的在报告提交上去之后被发现了个别错别字又如何呢？第一时间改过来就可以了，没有必要就此过分抱怨自己，甚至惩罚自己。

或者，你在投资中是按照程序化交易执行的，每次都按照规则在明确的点位进出场，因此你的收益是比较稳定的，账户不会有大的回撤。但是如果你某一次看错了指标或是漏过了指标而操作失误，也不要紧，没有必要因此而怀疑自己甚至惩罚自己，第一时间修正失误、减少损失就可以了。

第46课　善待自己和严于律己不矛盾

我们要知道克制自己和放松自己并不矛盾，克制自己和善待自己也没有矛盾，只是有先后关系或分不同场合而已。比如我们在上课时间、上班时间就不能太放松，应该有必要的纪律和行为准则，到了家里就不一样了，无聊了就可以打电话聊天或者看片，累了就可以躺下，困了就可以睡觉，不用再受严格的纪律约束。如果整天都战战兢兢，那么生活岂不了无生趣？

做交易也是一样，我们应在交易前做好准备并放松自己，交易时遵守纪律并克制自己，交易后总结经验并善待自己。

交易之前，首先我们应做好充分的准备，特别是对今天需要关注哪几个股票（或合约），哪几个股票（或合约）可能需要操作，根据自己的交易策略或规则到了什么点位应该操作，操作的方向是什么等；其次要比较充分地放松自己，不要因为昨天的盈利或亏损影响今天的交易心态，不要因为今天可能要动几笔大单子而存在心理压力，更不要在交易开始之前才刚刚起床迷迷糊糊地看盘等。

到了交易时间，我们必须遵守既定的纪律，进场点位没有到就决不进场，出场点位到了就坚决出场，每次建仓平仓的比例必须和事先规划的一样等；同时，交易时还必须克制自己任何方面的临时冲动和判断，并且要克制自己不要去做和交易无关的事情。比如，当天某一段时间的行情上涨很迅速，你就不能轻易判断走势已经向上，而是应该遵照事先设定的对策行事，盘中凭自己的感觉临时性的判断往往会打乱你一天的交易计划，从而导致额外的亏损。再比如，在交易时间如果被某个网页吸引住了、出去接了一个很长的电话或是认为当天不会有行情而走开了等都很有可能让你错过应该进出场的点位，造成不必要的损失。

一天的交易结束之后，我们首先要总结当天的行情和操作过程，并且把当天账户的资金数额填到自己的账户损益表里，从而来看看自己的操作有没有失误，为什么有失误？是否还可以再改进等？并以此来验证和完善自己的交易策略和交易规则。然后要做的就是忘记交易，回到生活中来，对自己好一点，该约会就约会、该烛光晚餐就烛光晚餐、该看电影就看电影、该和女儿做点小游戏就当自己又回到童年……

在交易中为了克服自己的人性弱点，你已经很累了，交易之后就好好犒赏一下自己吧。如果你的交易可以持续盈利了，你就有理由让自己过得舒服一些，改善一下自己和家人的生活与心情；即使你的交易目前还没有稳定盈利，也未必要时时苛刻自己，在不断总结完善的前提下，在交易之外很多时候还是应该善待自己，让自己快乐，这样才能高效率地掌握投资技巧，提高交易水平。

第47课　善待自己才能善待他人

在生活中，我们要处理好两种关系，即和自己的关系、和他人的关系，其实也就是善待自己和善待他人。我们很多时候之所以不快乐是因为把"善待自己和善待他人"的次序颠倒了。因为我们只是凡人、我们的境界还不够高尚，先讲究善待他人，再来善待自己是很勉强的，是会让自己感到吃亏和不快乐的。

圣人可以做到完全与人为善，而不考虑或是很少考虑自己的利益，他们与人为善是自然而然的行为，本身就是快乐的；伟大的好人可以做到发自内心地与人为善，他们为别人着想多一些，为自己着想少一些；普通的好人则可以做到被要求下、被影响下、被教育下的与人为善，他们为自己着想多一些，为他人着想少一些，但是他们在善待自己的基础上还是会善待他人的，不会做损人利己的事，更不会做损人不利己的事。

对普通人来说，应该先做到"普通的好人"，不用太勉强自己而使得自己不快乐。我们先做到善待自己，然后做到像善待自己一样去善待他人，如果不懂得善待自己又如何去善待他人呢？

一个善待自己的人，应是能深刻了解自己、坦然接受自己，能发现自己的价值而又有自知之明的人，能对自己的思想、性格、情绪、错误等做出客观判断，并且是能够便利自己、愉悦自己、安慰自己、宽容自己的人。

一个善待自己的人，应是能够自信、自尊、自强、自治的人，能够认可自己的能力、克制自己的权力、尊重自己潜能的人，而不是自卑或自负的人。

一个善待自己的人，还是一个懂得如何提醒自己、修正自己、完善自己的人，努力经营人生、追求完美目标的人，而不是充满浮躁、放纵自己、放弃自己的人。

一个善待自己的人，在懂得如何善待自己之后，也会用善待自己的方式去善待他人，为他人提供便利、协助他人进步、帮助他人改正缺点。最后把善待他人和善待自己同等看待，真正理解"授人玫瑰，手留余香"的含义。

最后，我们需要指出的是，对善良的人来说，我们必须让自己变得足够强大，才能服务更多人、善待更多人。

而我们想要让自己变得更强大，一方面要更加努力、不断完善自己，另一方面就是要善待自己、懂得适当享受。我们工作的努力，投资的付出都是为了让自己拥有更多资源和财富，让自己变得更强大，甚至是为了变成更伟大，这些努力和付出都是必需的，但同时我们还要让自己得到享受，适当放松自己、犒赏自己，时刻做到精力充沛、心情愉快。只有这样，我们的自我成长、自我强大才是良性的，也是可持续的。

第48课　在致富路上需要完善自己

人无完人，这就是我们每个人都会犯错、每个人都应该宽容自己的原因；人无完人，这也是优秀的个体不断完善自己的理由。对追求卓越的人来说，正是因为自己在某些方面还不够优秀、在某些地方还在犯错，所以能给自己超越自我、不断完善的理由。

虽说人无完人，但完人应该是我们的终极目标，或许我们无法达到完美，但至少我们可以一步一步走向完美，或许我们不能成为最优秀的个体，但至少我们可以逐步地完善自我。考试得100分是完美的，是很多人都梦想得到的，虽然无法短期得到甚至永远无法得到，但是以此为终极目标，一分一分地进步，最终突破90分接近100分是完全可以达到的。

投资也存在着完美境界，比如该赚的都赚了，不该亏的都没亏，下单从不失误，账户没有回撤，收益很高（比如每年400%以上），却把风险控制在很低（比如10%以下）的水平等。投资的完美境界或许是每个人都梦寐以求的。然而，也或许没有人能做到投资的完美境界。作为智慧有限、时间有限、能力有限的个体，在投资中大部分人是亏损的，能达到盈利就不错了，能把自己的盈利保持住并寻求到新的盈利突破点就不错了，而如果能使自己的收益率有所提高那就更棒了。

或许你的投资已经在盈利了，你是满足于现有的盈利水平了，还是正在追求更高的收益率？你有没有验证过你现在的盈利模式能否持久，有没有研究过目前的交易方法能否进一步改进？

当然，你可以选择止步不前、安于现状，也可以选择不断探索、追求完美。

而我们自然是建议你逐步完善自己，通过完善自己来达到财富的良性增长。在投资中要完善自己，主要体现在两个方面：一是使自己的交易达到稳定盈利而非偶尔盈利，或是靠赌硬币、靠运气盈利；二是在风险可控的前提下有效提高自己的收益率。

一个月翻一倍但是无法保证盈利的模式和一年赚30%但却可以稳定收益的模式相比，一定是后者更趋完善；风险50%、收益80%的模式和风险20%、收益50%的模式相比，也一定是后者更具备资金稳定增长的能力。比如一位风险不可预估、年收益50%的投资者，想要完善自己的投资境界，第一步要做的是在收益不变的情况下，把风险控制在20%，第二步要做的是让这种盈利不断持续下去，第三步要做的是保持20%的风险，把年收益提高到60%或更高。

提高自己的投资水平，我们需要用市场的严酷性来考验自己，用别人的智慧开拓自己，用自我的努力完善自己。

自己的盈利能力如何，不是自己说了算的，需要市场的检验，市场是严酷的，它不会给你面子，不会迁就你的交易方式。检验自己盈利能力需要的不只是一小段时间和一种行情下的检验，而应是经过较长时间和各种行情的检验。通过对检验结果的分析认识，改善自己的投资水平，然后进入新一轮的检验。

一个人的智慧总是有限的，能够领悟的市场信息和技术信号也总是有限的，除了自己的整理分析，不如再借助别人的智慧，看看比你盈利能力高的人是如何分析的、如何交易的。如果别人的交易模型盈利水平比你的高，不妨做一些真实或模拟的试验，看看适不适合自己，或者从中找出核心闪光点，加以利用，以此完善自己的交易模型。

当然，最终能否提升盈利水平的，不是靠市场也不是外人，而是靠自己。市场提供了盈利机会，你不一定能抓住，市场积累了很大的风险，你也不一定非要承担；别人的交易水平很低，你不一定比他高，别人的交易水平很高，你也未必超越不了。不管是投资理念、交易心态、资金管理、风险控制、时机选择等等，都需要依靠自己的努力建立起来，形成系统，并且要不断修正、不断完善。

第49课　学以致用才能进步

梦想走向完美的投资境界，必然需要持续不断地学习。笔者认为，学习必须是有目的性的，只有"学以致用"的学习才是值得付出、值得称赞的学习，只有能强大自己的思维和本领的学习才是有用的、有实际效果的学习。

1. 我们要明确学习不只是为了学习

小时候，在应试教育的体制下，学习的目的就是把书本的内容学好、考个好成绩，而不是为了感悟科学、洞察社会。因此，如果学习的意义仅在于学习本身，那么学习将毫无意义。我们在学一些交易技巧、分析工具的时候，如果只是为了学技巧和工具本身，而没有更深层次的需求和目的，那么学了之后对自己的投资未必有用。

2. 我们要知道学习是为了提高

正是因为我们还有或多或少的不足，我们还有很多需要完善的地方，所以我们才要去学习。如果你觉得自己已经是最牛的了，或者目前这个阶段已没有更高的目标和需求了，那就没有必要浪费时间去学习。

3. 学习要找对对象

正所谓拜严师求良方方能获得武林绝学。要完善投资水平，我们不是什么东西都要去学，也不是任何人都有值得学习的地方。不管学习的对象是物还是人，是虚拟的理念、战略还是实在的指标、规则，只有我们欠缺的、不足的、不如人家的，更重要的是对提高自己的投资收益有用的东西，我们才有必要花时间、经历和金钱去学习。我们要学的东西必然是自己没有的，或是不够强的。

4. 我们学习到的理念、技术不是摆设，而是拿来用的

既然已经花了成本学到了对自己有用的东西，那么自然应该把它用在自己身上试一试，看看对自己能不能起到正面效果，能不能提高自己的投资水平。如果用了之后觉得好用，那么是不是还可以再深入研究、学习；如果用了之后觉得效果不好，那么就找出原因，是自己没有严格执行？是没有把精髓学到家或者没有全面了解其运作模式？还是当初就看走了眼，所学的东西根本就是不值得学习的？

5. 虽然学习永无止境，但对单一事物的学习要适可而止

首先如果在学习的过程中发现所学的东西不合适自己或者比自己现有的还差，那就停止学习，仅作参考即可；其次即便所学之物利于己、所学之人强于己，也应该理性学习，通过对其学习提高自己的同时也要避免就只认此一家，形成排斥其他优秀事物或个体的心理。因为毕竟人外有人、天外有天，值得我们学习的投资技巧和优秀人物还有很多，我们要跳出小池塘，要到大海中去锻炼。

在资本市场，投资者一批一批倒下，又有一批一批加入。所谓的成功者或许只是幸存者，能够一直活着并且活得不错的人就是常胜将军了。学习就是为了完善自己、强大自己，最终使自己成为那个幸存者，成为那个常胜将军。

第50课　投资路上要不断探索

投资是一门艺术。艺术的最高境界就是永无止境。

我们时常会发现，在资本市场能赚到钱的人是各式各样的，他们的交易模式也各有特色。可以这么说，投资是一门个性化很强的艺术，每个人对艺术的理解可以是不同的，对艺术的审美也可以是不同的，但是追求至美的境界应该是相同的。每个人都可以用自己擅长的方式达到艺术的美丽境界，很多方式可能外人无法看懂无法理解，但这并不妨碍它被称为"美"。一万个人可以有一万种交易模式，可以有一万种追求盈利的方式，你的盈利方式别人可以看不懂，但只要你能达成较高的稳定盈利，你就能获得认可、获得尊重，你的投资作品就是"美"的，就是具有价值的。

艺术家对至美艺术境界的追求是永无止境的，投资者对至高投资境界的追求也是永无止境的。这种永无止境的追求恰恰是艺术家和投资者不断领悟非凡、超越自我的动能。

投资是一门科学。科学的最高境界就是永恒探索。

同时，我们也会发现，虽然能盈利的人各有各的赚钱门道，但是各个门道却有着相同之处，那就是规则。但凡能够稳定盈利的交易模式，都有着明确的操作规则，日常的交易无非只是严格按照规则操作而已。虽然市场万变，虽然各种规则之间各有不同，但是每个规则却都有着相对的不变性、逻辑性和严密性。所以说，投资也是一门科学，它可以被一步一步学习，可以被一分一分消化，可以被一点一点掌握，它有它的基本原则，它有它的核心本质。

优秀的科学家不管自己对科学已经领悟到多深的境界，其对科学未知的态度必然是永恒探索；优秀的投资者不管自己的操作规则多么赚钱，其对投资收益的态度必然也是永恒探索。正是这种永恒探索的态度，成就了一个又一个科学奇迹，塑造了一个又一个财富神化。

既然投资是艺术，可以让你心领神会，但又永远捉摸不透；既然投资是科学，可以让你有章可循，但又永远探索不尽。那么，对追求至高、至美、至深的投资者来说，不管自己是否已经达到稳定盈利，对自己的投资境界不但需要完善，而且还需要永恒完善。

要完善自己的投资境界，需要完善以下七个方面：①完善自己的投资理念；②完善自己的交易心态；③完善自己的资金管理模式；④完善自己的时机选择；⑤完善自己的个股或品种选择；⑥完善自己的进出场秩序；⑦完善自己的交易规则。

第51课　投资理念要完善

完善自己的投资理念首先要检查自己的交易动机。你做投资是为了什么？每个投资者的投资目的必然都是为了从市场中获利，这是人类追逐财富的原始动机，是社会个体实现价值的重要途径之一。然而，多少投资者进入市场时，总是期待着一年能获得翻几番的投资回报，总希望投资市场能给自己带来暴利，这样不但大大加重了自己的心理负担也大大加重了交易的风险度，最终的结果往往是亏的比赚的多，甚至被市场淘汰出局。

投资需要平和的心态。所谓"弱水三千，吾只取一瓢饮"，要保持一颗淡然的心，要明白投资是保值增值工具而不是暴利机器，要明白在资本市场必须先要让自己活下来，随后才能让自己活得越来越好。

完善自己的投资理念，千万不要与市场为敌。要改变和市场对抗的投资理念，树立服从市场的投资理念。很多人天天想着抄底逃顶，尝试着预测市场的顶部和底部，并以此指导自己的交易。这样的交易模式，在判断正确的情况下，确实可以获得高于其他任何人的收益率，但是谁又能每次都判断正确呢？大盘从6124点到1665点，底在何处似乎没有一个人预测对。这样的交易模式，往往是让你成功1次，失败10次，最终资金必然是亏损的。

我们的基础投资理念绝不能与市场对抗、与大势为敌。

我们要明白顺势而为的重要性。在18年里把自己的资产净值翻了1 000倍的市场天才埃德·西科塔说："除非趋势在最后转变了方向，否则它始终是你的朋友。"实际上，任何人在市场赚到的每一分钱都是顺势得来的。既然市场给了我们一个明显的趋势，我们又何必非要去猜测他的顶部或底部呢？如果趋势在上涨，当然是毫不犹豫地做多；如果趋势在下跌，当然是不假思索地做空。一个趋势是一个王朝，当它没有被另外一个王朝推翻之前，我们最好的选择就是和这个王朝同行。

有着百年基业的巴林银行，竟然被一位不知悔改的逆势交易员里森葬送，这足以说明逆势的危害有多大。

当然，我们在顺势时还要弄清自己要顺的是什么势。趋势有大有小，投资有长线短线，你第一要知道自己是做大趋势还是小趋势的；第二要明白，短期趋势服从中期趋势，中期趋势服从长期趋势。

我们也要明白坐等机会的重要性。要坐等机会、时刻准备，而不是预测机会、跃跃欲试。罗弗热在《一个股票经纪人的回忆》中写道："从来不是我的思考替我赚大钱，而是我的'坐功'。明白了吗？我一动不动地坐着！"为什么不是思考而是坐等带来盈利呢？其实无数事实已经证明，市场是不可预测的，因此对策远比预测重要，我们能做到的只是发现并跟随市场的大趋势，在市场走出任何一个行情时我们都已经准备好对策来应对。

其实，坐等不仅仅体现在机会的抓取上，同时也体现在盈利的过程中。当我们的头寸符合市场趋势的时候，坐等可以让我们的盈利不断扩大。

第52课 调整好自己的交易心态

对真正成熟的投资者来说，进场和出场没有差别、做多和做空没有差别，甚至连亏损和盈利也没有差别。一笔单子做下去，只有应该做或不应该做的差别，如果自己设定的点位没有到就不应该做，如果到了就必须做。一笔单子做下去之后，做错做对都有可能，盈利和亏损也都有可能。

如果我们惧怕错误和亏损而一味追求正确，我们就无法承受亏损。如果连续亏损3次、5次甚至10次该怎么办呢？如果赚了一点就害怕回撤，草草出场，或亏了一点还不甘心，死撑到底，那将彻底走入亏多赚少的误区。

完善自己的交易心态，第一要把亏损和盈利同等看待。交易是一个旅程，盈利和亏损都是旅途中的风景，只有懂得欣赏所有风景的人，整个旅途才能快乐舒心，到达目的地时才能有所收获。甚至有时候，我们还要把交易看作是一种责任，只有履行了这份责任，才能得到盈利的机会，亏损和盈利不是对立关系，而是付出和收获的关系。

完善自己的交易心态，第二就是要不管是输是赢，都能一人承担。赢钱总会有赢钱的原因，亏钱总会有亏钱的道理，在盈利的时候乐于承担，而在亏损的时候却总给自己找理由、推责任，总想把错误归结到"行情不好"、"听错消息"，总想把责任推托到"计算误差"、"电脑延时"，这种只会"逃避责任"的投资心态不会有好的投资结果。我们应该勇于承担亏损，还要把亏损看做是机会，它可以让我们发现自己在交易中还存在什么问题，而后可以逐步完善自己的交易体系。

完善自己的交易心态，第三要懂得先防御再进攻。也就是说，当你自己判断或你的交易系统提示你要做一笔单子的时候，应该先想好如果这笔交易亏损，要在亏多少钱的时候用止损来防御，而不是想着这笔交易下去要赚多少钱才收手，也不能在没有明确自己事后该如何止损的情况下盲目进入市场。

第53课　资金管理手段要不断完善

管理资金最主要有两个目的：一是控制账户风险，二是增大资金使用效率。风险控制是第一位的，完善自己的资金管理模式，最重要的就是要把自己的风险控制体系建立起来并能够有效执行。同时，投资是为了赚钱，如果给好的盈利模式，配以充分的资金使用效率，那么收益率将达到更高的水平。

完善自己的资金管理模式，要懂得控制仓位的大小。很多人都喜欢满仓操作，不分行情、不分个股或品种，甚至不管是股票还是期货，这种不加分别的满仓操作是极其危险的，也是对自己的资金不负责任的。我们应该根据自身的操盘水平来控制仓位，水平高的仓位可以高一点，水平低的仓位低一点又何妨？同时还应根据不同的行情来控制仓位，振荡行情时仓位低一点甚至空仓，趋势明确时仓位可以高一点。

完善自己的资金管理模式，要懂得品种组合的重要性。对做期货的投资者来说，品种组合尤为重要。如果只做一个品种，一方面风险无法对冲，遇到极端行情时，可能会由于出场不畅而遭受较大损失；另一方面资金使用效率太低，做期货仓位太重会加剧风险，而仓位太轻又失去了借助杠杆的意义。因此不同类型品种的投资组合一来可以有效化解极端行情的风险，二来可以提高资金使用效率。

完善自己的资金管理模式，最核心的目的还是风险控制。我们应该用80%以上的时间设计对风险的控制，而只用20%的时间去思考如何盈利，尽量不亏损、少亏损才是我们能够赚钱的重中之重。

第54课　提高把握时机的能力

市场走势是所有交易参与者心理预期汇集而成的价格表现。每天多空博弈的激烈程度，反映的恰恰是多空双方每天的"思想斗争"。市场的涨跌，涨跌的强弱，均是多空双方心理预期博弈的结果。

对一个普通投资者来说，做多做空的时机选择非常重要，但是如果价格低就做多或者价格高就做空，或者亏了钱就加仓，那就相当于是站在了市场博弈输掉的一方，胜出的可能比站在已经获胜的一方要小得多。总想着逆势而为的交易者，很容易对市场失去耐心，有句格言是这么说的，"市场会尽一切可能把大部分交易者气疯，只要有人逆势而为，市场的趋势就会一直持续"。

那么，我们应该如何跟随趋势？如何完善自己的时机选择？涨了5%就跟进还是涨了10%或20%再跟进？

判断趋势是否成立，是否可以跟进，实际上和趋势本身无关，而是和你的操作模式有关。也就是说，如果你是长线交易者，很多小趋势对你来说根本就不是趋势；而如果你是短线交易者，很可能一日内的涨跌趋势都会影响你的方向和头寸。所以说，首先要明白自己是何种类型的投资者，然后再去跟进适合自己操作模式的趋势。

第55课　完善个股选择程序

如果你在投资股票，你不可能关注所有的个股，那么你应该关注哪些个股呢？

每个投资者都应该建立一个自己的"个股关注库"，至于"个股关注库"里面是10只股票、20只股票还是更多，就要看自己有多少时间用来研究这些股票，并有多少资金用来配置。"个股关注库"里首先应该有你熟悉的个股或者曾经操作过的个股，然后是分析师或其他投资者推荐的个股，另外就是近期表现最活跃的个股。我们要做到不错过自己关注个股的买入机会和卖出点位，同时不要太在意其他个股的机会是否把握得到。

当我们不断添加新的可能存在机会的个股到自己的"个股关注库"时，最好也不断地剔除老的可能机会较少的个股。

如果你在投资期货，你可能有时间和精力关注所有的品种，那么你应该买卖哪些品种呢？

如果你有时间，活跃的品种都可关注；如果没时间，只关注3~5个自己熟悉的品种即可。

该持仓还是空仓，该持多单还是空单，一来根据趋势，二来根据自己交易系统的指标。

最多配置几个品种，要看自己设计的每个品种的持仓比例是多少。如果每个品种比例是10%，持仓品种最好不要超过5个；如果每个品种持仓比例是5%，则可以多持有几个品种。

第56课　进出市场要有纪律

我们在做交易时，进场出场是完全凭自己的多空感觉，凭自己以往的经验，还是根据自己选择的指标或是设定的参数来决定（比如均线指标和百分比参数）。如果你有指标或参数交易那就严格执行，并不断修正完善；如果你还没有指标或参数，那就尽快建立适合自己的进出场指标或参数。

完善自己的进出场秩序，就是要让自己做一个有计划的交易者。我们想在市场中胜出而没有严格的交易计划，就像是盖房子没有设计图纸一样，既然没有预先定好的对策，那么在盘中只能靠自己的感觉交易，而自己的感觉往往是最不可靠的。执行详细的交易规则，制定对应的交易计划，设定各种行情、各种涨跌幅的交易对策，并且严格执行，就能克服人性的众多弱点，使我们的交易朝着理想的方向发展。

当然，交易计划绝不是一成不变的，它应是根据市场的变化而变化的，是跟随规则的完善而不断完善的。

第57课　完善自己的交易规则

古语有云："工欲善其事，必先利其器。"林肯也曾说过："我如果要花8

小时砍倒一棵树，那么我就会花6小时把自己的斧子磨得锋利。"

在投资交易中，交易规则的设定和完善远比交易本身重要，也比一时的盈亏重要。为了具体交易的成功，为了稳定盈利的实现，制定和完善交易规则的时间应该超过下单和研究行情的时间。

完善自己的交易规则，一是要在市场中检验尚不完善的规则，并且逐步补充设计或是修正应对各种行情的规则细节；二是要在万变的市场中既能保持基础规则的不变，又能不断调整规则的具体执行手段，最终使自己的交易规则适应市场。

第58课　不断追求更高境界

在《礼记·大学》中提到了"止于至善"的概念。国内很多大学的校训也有"止于至善"四个字。比如，东南大学的"止于至善"，厦门大学的"自强不息、止于至善"，河南大学的"明德新民、止于至善"。

"止于至善"的意思是在没有达到完美境界之前，永不停止追求、永不停止对自我的完善和提升。对投资者而言，也应该有"止于至善"的追求，不断完善自己的交易理念和交易技巧，更重要的还要不断完善自己的交易心态和交易系统，以求达到"至善、至美"的投资境界。因此，不断地完善自己应是投资的第一要义。

说得直白一点，完善自己，最本质的目的无非两个：第一个是多赚钱；第二个是少亏钱。在完善自己的过程中提升了自己的投资策略、提高了自己的交易技巧，可以使你多赚钱；在完善自己的过程中克制了自己的负面心态、完善了自己的进出场规则，可以使你少亏钱。

当然，不管是多赚钱还是少亏钱对投资来说意义是一样的，都是为了账户资金的稳步上涨。而投资者在完善自己的过程中，在追逐更多利润的过程中，是需要付出一定的成本的。比如说笔者完善上述六条补充规则也是在数次不必要的亏损之后总结出来的，是花了不少精力计算和验证设计出来的。有了这些补充规则之后，至少以后遇到类似的行情能够有对策执行，不会不知所措，当然也不会再亏额外的钱了。对一个账户来说，少亏1万元就等于赚了1万元。

或许你在完善自己投资境界的过程中需要付出不少的成本，但记住一点，完善自己是为了赚更多的钱，完善自己也能够让你赚更多的钱。

第59课　不要自我设限

谁都不希望自己的一生黯淡无光，但要创造生命的辉煌，求得自我的充分发展，你必须不惜一切代价，铲除阻碍你向前的东西，这是事业成功的重要准备。

很多人的悲哀不在于他们不去努力，而在于"自我设限"。这种条条框框限制了人们潜能的发挥。科学家曾做过一个有趣的实验：

他们把跳蚤放在桌子上，一拍桌子，跳蚤跳起的高度竟然是它们身高的100倍以上。随后，科学家在跳蚤头上罩上了一个玻璃罩，跳蚤连续碰到玻璃罩以后改变了跳起的高度以适应玻璃罩的高度。当玻璃罩接近桌面时，跳蚤们再也无法起跳了。最后把玻璃罩拿开，再拍桌子，跳蚤不跳了。

跳蚤变成了爬蚤，并非它丧失了跳跃的能力，而是一次次碰壁后失去了抗争的勇气，失败的阴影笼罩整个心灵，行动的欲望被自己扼杀！科学家把这种现象叫做"自我设限"。

"自我设限"是炒股的最大障碍。如果想成为股市赢家，就必须不怕碰壁。一个想成功的人会永远盯着自己的目标，绝对不会因为接踵而至的挫折而放弃自己的努力，除非生命终结。

科学家法布尔做过这样一个实验：他把毛毛虫安排在花瓶的边缘，走成一个圆圈，花瓶的旁边放着一堆毛毛虫喜欢吃的松针，但这些毛毛虫只是盲目地跟着前面的同伴走，它们走了一圈又一圈，一直走了七天七夜，最后一个不剩地倒在花瓶边。

　　在股市，很多人就像毛毛虫一样，看着别人买什么，自己就买什么，买进后被套，死活赖着不走，面对身边活蹦乱跳的黑马猛牛视而不见，抱着愿把牢底坐穿的精神守着自己手中那奄奄一息的瘸驴呼天叫地。

　　科学家做的这两个小实验，寓意深刻。它告诫人们：既不要盲目轻信，也不要"自我设限"。

第60课　追求忘我境界

　　人类有两种境界，可以把自己完全投入在一个点上，此外则忘记一切。这两种境界一种是忘我的境界，一种是忘乎所以的境界，它们都能让人感到惊讶。

　　忘我，就是不考虑本我，忘记本我。忘我的境界是指全身心沉浸在本我以外的某项事物上，完全投入在本我正在做的那件事情上，而忘记了自己的存在。

　　忘乎所以，就是只考虑本我，忘记外界的一切。忘乎所以的境界是指全身心沉浸在本我这个个体上，完全投入到自我表达、自我感受上，不顾及是否合时宜，不在乎别人的感受。

　　由此可见，虽然忘我和忘乎所以都是把自己完全投入在一件事情上，但是它们却是完全相反的两种境界，因此所得到的效果也是完全相反的。

　　忘我是一种能获得他人赞赏的境界。我们经常会听到这样的赞美："这位音乐家表演得好忘我，真不错！""我的历史老师上课时总是很忘我，沉浸在一个个历史人物中，非常生动"、"你总是忘我地工作，难怪取得这么好的业绩"……

　　忘乎所以是一种会遭到别人鄙视的境界。我们也经常会听到这种看不起的语言："这个人好忘乎所以啊，怎么完全不顾及边上的人"、"有什么了不起的，不就是得了个鼓励奖嘛，怎么就忘乎所以了呢！""没见过像你这样忘乎所以的人，刚夸你几句就不知道自己是谁了"……

1. 一个人如果处在忘我的境界，那往往是他走向完美、走向奇迹的征兆

2007年3月21日，在日本东京举行的2007年世界花样滑冰锦标赛上，申雪、赵宏博忘情地表演，两个人似乎融为一体，忘却一切，一个个完美的动作震撼全场。当音乐停止，申雪情不自禁地跪在了冰面上，赵宏博则蹲下与小雪相拥，全场观众起立鼓掌，他们的教练姚滨抑制不住泪水的滑落，但对他们来说时间已在那一刻停滞。当然，他们以完美的表演赢得了金牌，以此作为他们告别花样滑冰的礼物。然而申雪和赵宏博就像是姚滨打造了15年的艺术作品一样永载冰坛，他们让中国感动，让世界感动。

茜尔玛·拉格萝芙出生于1858年一个富裕的瑞典家庭，但是很不幸，很小的时候她就因患了一种无法解释的瘫痪症，丧失了走路的能力。一次，还是小女孩的她和家人一起乘船旅行。船长的太太说船长有一只天堂鸟，她被船长太太的描述迷住了，很想去看一看。于是保姆就去找船长，可她等不到保姆回来就想去看，她要求船上的服务生立即带她去看天堂鸟。那服务生并不知道她不能走路，而只顾牵着她一道去看那只美丽的小鸟。奇迹发生了，茜尔玛·拉格萝芙因为过度的渴望，竟忘我地拉住服务生的手，慢慢地走了起来，从此，她的病便痊愈了。茜尔玛·拉格萝芙长大后，又忘我地投入到文学创作中，最后成为第一位荣获诺贝尔文学奖的女性。

2. 一个人如果处在忘乎所以的境界，则往往会走向落败、走向堕落

曹操连连获胜，拿下荆州之后，就开始忘乎所以，认为凭借自己的精兵强将打败东吴绰绰有余，即使孙权有刘备相助也不堪一击，结果先被诸葛亮草船借箭，后被周瑜火烧赤壁，最后只能是落败而逃。

另外，中国历史上又有多少个帝王、领袖在众人的歌功颂德和小人的阿谀奉承中忘乎所以，走向堕落，就连英明神武的乾隆帝到了晚年也变成了昏庸之主。

所以说，如果我们要把一件事情做完美，就要全身心投入这件事，在做的时候把它看作全部，达到忘我的境界；并且在任何成绩之下，在任何诱惑之下，都要切忌忘乎所以。

同样，如果我们要让自己的投资境界处于完美状态，就应在交易时达到忘我的境界。努力做到心中只有规则、只有纪律，眼前只有K线、只有价格、只有预先设定的进出点位，而没有自己、没有判断、没有其他一切的干扰。

第61课　忘我带你走向成功

　　我们在读名人传记、听伟人故事，甚至是观察身边的一些成功人士的时候，会发现这些非凡的人物都有着共同的特点，即他们总有一段或者几段忘我学习、忘我工作的阶段，也是因为"忘我"使得他们取得了常人只能向往而不可企及的成就。

　　忘我的投入、执著的探索、刻苦的研究，往往是一个人取得成功的前奏。有一次牛顿请几个朋友到家里吃饭，可由于一个实验没做完，他就进实验室先做实验，想等吃饭的时候再出去。吃饭的时刻到了，但由于牛顿做实验过于投入，竟然忘记自己还请了朋友吃饭，朋友们不好意思打扰忘我工作的牛顿，只好自己先吃饭，给牛顿剩些饭在桌子上，便各自回家了。当牛顿从实验室出来时，发现已经有人吃过，他竟以为是自己吃的，于是再次走进实验室。如此的忘我工作，最终成就了世界上最伟大的物理学家。

　　我们想要在投资中有所成就，也就是说在自己的投资活动中赚到钱，并且能持续地赚钱，忘我的投入是少不了的。忘我的投入是掌握操盘技巧的捷径，忘我的投入是破解财富密码的工具，忘我的投入是走向成功投资的前奏。

　　想要克服亏损、达成持续盈利，不是我与市场、我与行情、我与技术的较量，也不是我与你、我与他的较量，而是我与我的较量。所有外界对你的挑战也好、干扰也罢，最终能不能对你产生负面影响，取决于你能不能克服它们；所有外界的诱惑也好、吸引也罢，最终能不能打动你，取决于你自己有没有定力；所有外界的利益也好、机会也罢，能不能给你带来正面盈利，取决于你自己能不能冷静地把握。

　　忘我地投入技巧的学习，忘我地投入行情的分析，忘我地投入规则的制定，忘我地投入个股（或合约）的选择，忘我地投入交易的执行。在投资中，这种忘我的境界可以让你毫不畏惧地正视挑战，轻轻松松地摆脱干扰，满不在乎地放弃诱惑，适时勇敢地抓住机会，毫不留情地对待止损，最终使你走向投资的成功之路，走向持续盈利的阳光之路。

第62课　忘记自我服从于规则

成功的投资者，必然是在深入学习了解投资工具、交易技巧和所要参与的个股（或品种）之后，根据自己的需求、自己的资金规模、风险承受能力、时间安排等制定了适合自己的交易规则，并且严格执行规则的人。

从短时间或是某一段历史时刻来看，执行规则的人未必会比凭"盘感"、凭"预测"操作的人收益率高，但从长远来看，只有严格执行有效规则的人，才是常胜将军。规则的意义不在于短时间的暴利，而在于排除个人的不稳定性和随意性，以达到资金风险的最小化，达到账户收益的稳定性。

要合理规避风险，要稳定盈利，就要严格执行规则；要执行规则，就要忘记自己。因为既然规则已经是根据你的需求和特点、经过理性分析、多次完善、几经验证后制定的，那么规则就是你的合理需求，你要做的就是完成自己的合理需求，规避自己所有潜在的不稳定性，拒绝自己所有可能的突发奇想。

因此，在执行规则的时候，要忘记自己的存在，你的唯一需求就是执行规则，唯一判断就是规则所规定的点位到了没有，没有任何临时性的额外需求，没有任何临时性的额外判断。

也许有的投资者要反问：在投资中怎么能没有判断呢？

作为一个成熟和成功的投资者，当然要有判断，但判断应该是开盘前对行情各种可能走势的预测和为此找到针对性的对策，以及收盘后对一天行情的总结和对第二天有几种操作可能的梳理。但在交易时间里，应该只有对规则的执行，或者说是对之前判断的验证和相应对策的实行，而没有任何新的判断。

忘记自己，服从规则，其实就是忘记自己的每一个细节，服从规则的每一个细节。

如果你的规则是10：00之前必须下单，那么就不要期待，更不要预测10：00以后的行情；如果你的规则是每次下单只用本金的10%，那么就不能超过这个比例，哪怕你认为明确的行情已经到来；如果你的规则是每天收盘后做好账户盈亏走势图，那么就不要等到明天做，或是一周过后再统一做；如果你的规则是实时盯盘，那么就应该实时关注行情走势，如果自己某一天有十分重要的事看不了盘，那也必须找个可以信赖的人代劳；如果你的规则是只在开盘和收盘时看盘，那么就不能在盘中看盘，即使看了，也不能受任何价格波动的影响；如果你的规则是你自己看盘，别人代为操作，那么再大的行情也不要跃跃欲试，越俎代庖；如果你的规则是盘中不能抽烟，那么在交易时间再大的烟瘾也要克服，甚至把香烟锁起来；如果你的规则是盘中不接任何电话，那么在交易时就把自己的手机关掉；如果你的规则是5日均线上穿10日均线买入，那就不要等第二天再操作，也不要提前操作；如果你的规则是盈利在不断放大的状态下不止盈，那么不管你现在赚了多少，翻了几倍都不要平仓，哪怕你预计回撤可能马上要到来；如果你的规则是亏损8%平仓，那么就不能在6%、7%、7.8%的时候平仓，哪怕你认为行情一定会跌下去。

第63课　忘记自我服从于市场

每一个投资者，包括你我，都只是庞大资本市场中的极其渺小的个体，你与市场的关系，就像是一滴水和整个大海，就像是一粒沙和整个沙漠的关系。想要生存、想要赚钱、想要胜出，我们只能随波逐流，不能逆流而动。市场是由几百万人、几千万人甚至上亿人组成的，对抗市场就是以一己之力向百万之众宣战；市场上有几百亿、几千亿甚至上万亿资金在流动，对抗市场就是用自己的区区几万元或几十万元和亿万资金博弈。谁赢谁输已在战争之前十分明确，何必还要开战呢？

作为极其渺小的力量，我们想要在市场中获得不错的收益，就要时时刻刻忘却自我，服从市场。因为市场是不可战胜的，和市场对抗不可能胜出。但是始终有人认为自己可以逆市而为，因为自己有智慧、有经验、有勇气、有技术，能够走在市场的前面，甚至可以引领市场。那么好，我们来看看一个投资个体到底有没有力量对抗市场：

你能不能变动资本市场的政策，比如印花税，你说降就降，比如银行利息，你说涨就涨？

你能不能制定资本市场的交易规则，比如你说涨跌停板取消就取消，你说T+1变成T+0就变成T+0？

还是你有能操控市场的资金，比如20亿元、50亿元，去做一只小盘股，或是一个期货合约绰绰有余，想涨就涨、想跌就跌？

上述这些你我都不能做到，其实，市场上99.99%的人都不能做到，所以你不可能改变市场，市场不可能跟随你、顺从你。既然市场不可能看你的脸色行事，那么只好你看市场的脸色行事。对抗比你强几万倍甚至几亿倍的敌人，除了惨败，就是死亡。所以要忘却自己，不要对抗市场，要服从市场。

所谓服从市场，就是要顺势而为，而不要逆势操作。不管是制定交易规则时的指导原则还是实际操盘中的交易方向，都应是顺势的而非逆势。简单地说，所谓顺势，就是"追涨杀跌"；所谓逆势，就是"高抛低吸"。当然合理的追涨杀跌不是涨了就买，跌了就卖这么简单，而是讲究一定的技术和规则。比如，你的规则是5日均线向上穿10日均线时买入、5日均线向下穿10日均线是卖出，或是一波行情涨了10%后买入、跌了8%后卖出等都是典型的"追涨杀跌"的顺势交易，但不是简单地一涨就买、一跌就卖，而是有着严格的操作指标。

如果行情在下跌，你要么跟随市场的走势做空，要么不做，千万不要做多；如果行情在上涨，你要么跟随市场的走势做多，要么不做，千万不要做空。服从市场，大行情永远不会错过；服从市场，大错误永远不会沾边。说了这么多，还是有人会说，市场上形形色色的专家总是劝我们抄底、抄底、再抄底，而且好像他们自己通过"抄底逃顶"的操作方式赚了不少，是这样的吗？

有一句话是这样说的"股票这个行业，就是精通的人慎说、不懂的人乱说、股评家们赖以生存的行业"。资本市场大部分所谓的专家或许就是这句话中"股评家"们吧，他们对行情的涨跌评头论足，他们对大家的操作百般建议，或许只是为了不被股民们遗忘，只是为了混口饭吃罢了。你真把他们当回事，他们也不会对你负责。

第64课　交易时忘记自我

在资本市场，做股票也好，炒期货也罢，要赚钱不只是做好交易，交易以外还有很多重要的因素也会影响盈利水平，比如个股（或合约）的选择、进场点位的选择、投资组合的应用、资金风险的把控等，但不管怎样，要赚钱一定要交易，一切完美或拙劣赚钱的方式，没有落实到交易层面，赚钱都只能是空想。是交易，让财富得以流动、分配和成长。

我们在交易的时候要尽量做到忘记自我。交易的时候，你不是你，你只是之前制定的规则的执行者。交易讲究的是冷静观察、迅速出击，点位未到静如处子，点位一到即刻操作。一切突发奇想和随心所欲都要不得，一切的临时判断和超前延后都不可取，交易的时候你可以忘记自己，可以没有自己的思想，你的脉搏就是价格走势，你的思想就是操作规则，你的行为就是交易纪律。忘我地交易，是让美好的赚钱方式充分实现价值的必要条件，也能让拙劣的赚钱方式相对胜出成为可能；而自我的交易、随意的交易，再完美的赚钱方式都会沦为亏损工具。

交易的时候要尽到保钱、赚钱的责任，交易之外应该尽到人生责任。老婆不开心了、家里出事了、小孩不乖在学校犯错误了等，都是交易之外的事，在交易之外你都应该带着感情处理好，让家庭稳定、让家人快乐，尽到人生的责任。但在交易之时则应该忘却这一切，不能让这些事情影响你的情绪，干扰你的操盘思路和下单速度，如果确实干扰太大，那么请不要交易，让可靠的人代为交易。

交易的时候要忘记自己、克制自己，交易之外则可以享受人生、放松自己。你有自己的兴趣爱好，有自己喜好的生活方式，在交易之外，你完全可以按照自己的感受表达感情，按照自己的方式行为处事，甚至偶尔合理放纵一下自己也无可厚非。但在交易的时候，请把任何违背或妨碍交易原则的习惯、行为和思维模式放到一边。

想要赚钱，就是要在交易的时候忘记自己的需求、忘记自己的担心、忘记自己的欲望。你的需求、你的担心、你的欲望都只能是交易本身。

在投资中，如果你忘记了自己，利润就记得你，经常在不经意间来找你；如果你老惦记着自己，惦记着偶尔的得失，惦记着自己的感受，利润可能就慢慢远离你，当你要找它的时候，可能再也找不着了。

如果在执行规则时，你忘记了自己；在服从市场时，你忘记了自己；在每天的交易中，你忘记了自己，你就到达了投资的忘我境界，任何不合理的欲望、诱惑、冲动、烦躁、恐惧、担忧，都已无法干扰你、阻碍你，你已和你的投资融为一体，你已全然沉浸在投资的乐趣中。你的全身心投入，将换来出乎你意料的收获。

如果你进入投资的忘我境界，成功将离你不远，或许和之前所有忘我的伟大人物一样，奇迹也可能在你身上发生。

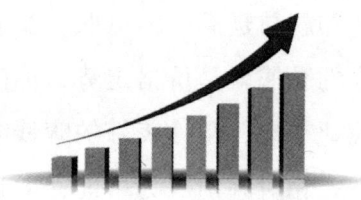

用学习代替拼命，用智慧代替投机

第65课　不断学习才能跟上市场

如果有一天世界不再变化了，是因为你死了，或是地球毁灭了；只要世界还在变，就没有人能知道全部。我们经常连身边最亲密的人、最熟悉的事物、自己从事多年的行业都总有这样那样的不了解、不清楚甚至不懂，也有可能连自己的身体状况、自己的思想情绪都不能完全知晓，更何况广阔的天地、纷繁的世界和茫茫的宇宙呢？

如果从相对的角度来讲，事物可以是静止不变的；如果从绝对的角度来讲，世界上万物都是永恒在变的，我们所能深入了解的只能是其中很小很小的一部分，我们能把自己最熟悉的那部分、自己赖以生存的那部分尽可能地弄明白，想透彻就不错了；同时也正因为世事万变，我们也必须对我们赖以生存的事物进行不断地探索和学习，才能跟上其变化的步伐，而不至于被淘汰出局。

正如希腊哲人赫拉克利特所说的"人不可能两次踏进同一条河流"。同一条河流在不同的时刻，只可能相似不可能相同，如果你只是欣赏它，不必追究它不同在何处，只需体会流水的韵律、两岸的芬芳和灿烂的波光；如果你要去研究它，那就得从不同角度、不同程度来分析，比如它的水质（各类矿物质含量）、水温、流水方向和速度、河中生物的种类和数量、河底淤泥的厚度、河床的宽度、堤坝的牢靠度等，只要是能够影响你分析判断的元素、只要能影响结论的元素都应该重新观察和度量。

在投资中不也是一样吗？你不可能处在和以前一模一样的行情中，很多行情也许都能从历史上找到类似的走势，但完全一样的行情是绝对不可能存在的。我们要知道历史重复的永远只是大规律，至于小细节永远都是不同的。有多少人用经验主义的态度对待行情，认为当前的行情一定会如何走，因为以往的类似行情就是那样走的，结果呢？我想大方向也许是对的，但是在大方向之下还有太多的变量需要考虑，比如行情何时启动、启动的幅度多大、中间会不会有反复、涨跌是急速完成的还是缓慢完成的等。有时候我们认为一波上涨行情要来了，因为历史经验证明这样的点位、这样的技术压力会有一个像样的反弹，但实际上往往在又跌了20%、30%甚至更多的情况下才涨上去的。如果当时就重仓进场到底是对还是错呢？如果是期货的话，10%就足以让你亏光，怎能再跌20%呢？

世界上的一切事物都有其本质，因此都有稳定的元素。世界上一切事物又都在变化，因此一切都会过时。永不过时的事情只有一件，那就是学习。学习就是变中求不变同时又变中求变，以不变应万变同时又以变应变，即能抓住事物的本质、保持自我的独立思考，又能跟随事物的变化及时更新自己的思维模式和行为模式。只有这样，才是与时俱进的，才是真正能够稳定胜出的。

在鲁迅先生笔下，能够在沙地上扫出一块空地来，用短棒支起一个大竹匾，撒下秕谷，等鸟雀来吃时，远远地将缚在棒上的绳子只一拉，就能把鸟雀罩在竹匾下了的闰土，很明显是明白了捕鸟的道道，不变时可以纹丝不动，该变时只需拉一下绳子，就可以捕到各种鸟雀了。

而守株待兔的人明显是没有弄清兔子为什么会撞到树桩上，却想以不变来获得稳定的收益。如果他明白了那只兔子撞死在树桩上只是一个偶然事件，他就不会在那里等下去；如果他做了调查发现那一带兔子很多，他就可以换一种方式来捕猎兔子，反而可以获得较大的收益。

第66课　市场万变，学习心态不变

资本市场是一个财富再分配的市场，市场只有保持良性运动，财富分配的功能才能较好实现。如果市场是静止的，谁都赚不到钱。

市场的魅力在于它的动，而不是它的静，静止的市场没有任何投资价值。在交易时间，很多投资者都觉得市场太难把握，哪怕是下一秒钟的走势都很难判断，不要说当天的最高点、最低点，短线的买入点、卖出点了；而在收盘之后，似乎行情又特别容易看懂，很容易理解今天为什么这么走，也似乎可以判断接下来大约会如何走。我们要明白，诚然交易时间或许行情难以捉摸，收盘之后似乎走势很好判断，但财富只在动态中分配，不会在静态中增长，所以只有动态的市场才是对我们有意义的。

动态的市场有时变化无穷，有时又有规律可循；或者说很多时候市场对大部分人来说是不可捉摸的，而对另一部分人（极少数）来说确实可以基本领悟的。市场的形态、技术、规则、影响它的变量等都是可以学习和了解的，努力的人总会领悟其中一些奥妙、掌握一些技巧，并以此从容应对市场的变化，或多或少地获取一些收益。

我们总结昨天的规律，形成今天的技巧，以在变幻莫测却又有一定规律可循的资本市场相对自信和坦然地博弈，必然比那些无头苍蝇的盈利水平要高得多。不过，昨天总结的规律，在今天不一定适用，今天的成功技巧在明天同样也不一定有用。如果不能跟随市场的变化而变化，那么或许成功一时失落一世，也或许从头到尾都没有对过一次。所以说，我们总结昨天的规律必须是为了完善今天的规律，我们形成今天的技巧必须是为了提高明天的技巧。一个动态的学习过程、完善过程，才是稳定盈利的过程，才是保持常胜的过程。

在财富的迷人引力下，在资本的安全需求下，市场的变动是机会也是危险。只要市场在变，你就需要变，唯一不变的只能是学习。对待无情的市场，不管是新人还是老手，保持学习的态度是完成从"多亏"到"少亏"到"小赢"再到"大赢"过程的必然方式。

跟随市场的变化，要讲究一个"度"，"度"不够或是破了"度"，你的变化或许就是无效的，甚至是具有危害性的。如果市场小变，你不能大变；如果市场大变，你不该小变；如果市场真的不变，你可以睡觉。

如果股市依然处于下跌趋势，只是下跌的节奏变缓了、幅度变小了、斜率变小了，那么它是小变，我们也只能以小变应之，不能轻易大胆做多；如果市场反转了，强烈上攻了，我们就不能以小变应之，必须彻底反向，及时跟进；如果休市了、停牌了，那我们就不要折腾了，好好休息就可以了。

第67课　遇到问题多学习

"生而知之者上也，学而知之者次也"。世界上有多少人是生而知之"的呢？恐怕没有。就连孔子都认为自己"我非生而知之者，好古，敏以求之者也"。

世界之大，纷繁复杂，我们所能知道的只是冰山一角，更何况事物又在无时无刻地变幻。

所以：人非生而知之者；孰能无惑。惑而不从师者，其为惑也。终不解矣！我们不是生下来就掌握知识、懂得道理、熟悉技巧的，我们在生活、工作、投资中有疑惑、有不懂的地方是很正常的。但如果我们在有疑惑的时候不去学习、不去向别人请教，那么疑惑就永远解决不了。

一个大学生第一次写论文不会写，他可不可以不写？一位写报告的领导，在遇到不会写的字是不是可以空白？一个护士刚开始不会打针，是不是可以永远不用打？一位工程师对一种新建筑材料的性能不了解，是不是就可以随它去了？一个留学生不懂当地的习俗，是不是可以永远不去理会……

很多人在遇到问题的时候，总是习惯性地绕道而行，结果永远不知道问题长什么样；或是习惯性的害怕，还没开始做就担心自己处理不了；又或是习惯性的放弃，浅尝辄止或是半途而废，问题依然存在。

当我们遇到问题无法理解或不懂解决，应该把它看做是努力和学习的机会，而不是担心或放弃的理由。因为不懂，所以要学习，因为不容易明白，所以要努力学习，因为学习后可以解决问题，所以要乐于学习。曾有一位雕塑大师说：长大了的极品男人，像一块海绵，会吸收所有美好的东西。

从"不懂"到"学习"到"掌握"到"解决"，这是普通人长大的过程，也是"极品男人"从"普通"走向"极品"的过程。

对一位刚入市的股民来说，不会看K线、均线、成交量，不懂集合竞价，不知道当天买的股票不能当天卖掉等都是很正常的现象。新股民入市，亏了钱常常被叫做"交学费"，如果交了学费真的学到了股市真谛、操盘的技巧那也罢了；就怕是交了学费之后没有去学习，亏了钱后依然不知道为何亏钱，看不懂的行情再次出现时依然不知道如何处理，那学费岂不是白交了？

我们要知道任何一位股神也必然是从一个新股民成长起来的，之所以他会成为股神，除了极少靠天赋和机会以外，大部分原因是因为他善于学习，是学习让他不断完善自我、超越他人，是学习让他洞悉市场、把准机会，是学习让他变得伟大，是学习让他成为股神。

对想要赚钱的投资者来说，学习不应该是偶然想到、随性捡起的东西，它应该是必须执行的纪律，只要有弄不懂的行情，特别是让你亏钱的行情，就一定要想清楚、弄明白。如果自己现在的水平不够，就去努力学习；如果自己的力量不够，就去请教他人。总之，通过学习解决疑问，通过学习减少亏损、保护本金、赢取胜利。

第68课　学习让你更强大

爱好学习的人，善于在事物的变化中、在遇到解决不了的问题时寻找学习的机会，更善于去发现别人可供自己学习的优秀之处，从而走向自我完善、自我强大的良性循环。

世界上每个人都有闪光点和过人之处，我们遇到可欣赏的人未必处处都比我们牛，但既然他值得欣赏，就必然会有比我们优秀的地方。如果你有幸遇到100个牛人，也许他们每个人都有很多闪光点，你只要从他们每个人身上学到一个闪光点就可以了，因为即使你之前是0分，学了100个牛人的100个闪光点之后你就变成100分了，或许就比他们中任何一个都牛了。

要让自己强大，就要善于学习，如果自己的智慧不够用，就用别人的智慧来武装自己。我们首先要善于发现别人的闪光点，并且虚心学习，至于别人的缺点，我们可以善意地劝告，也可以视而不见，因为他们大部分的缺点并不影响你、妨碍你。

有一位证券行业的记者，他在这个行业从业多年，采访了很多股票界的领军人物，因为他善于学习，因为他善于发现、总结每位采访对象的优秀之处，慢慢地他自己也成了股票专家，成了股票畅销书的作家。同时由于他接触的优秀股票操盘手、私募基金经理也比较多，在学习了解了各人的操盘手法、盈利模式之后，结合自己的特点，他还专门为自己设计了一套操作规则，并在实战中取得不错的收益。

另一个例子则是关于一位优秀的期货操盘手丁某。丁某以前是偏好做长线投资的，收益也比较稳定，但他并不满足于此，对一些中线投资、短线投资做得好的人，他都十分愿意接触、愿意沟通、愿意虚心学习，最终他在掌握了中线投资技巧和短线投资技巧后，在同一个账户中尝试以长线为主、阶段中线和日内短线相结合的投资方式，有效提高了账户资金使用效率和收益率（从原来年收益30%~50%提高到100%~200%）。

第69课　学习用熟投资工具

一般来说，储蓄、房产、股票应是基础投资工具，在不同的社会环境和个人处境下再配合债券、期货、基金、外汇、黄金、艺术品等补充工具，个人和家庭资产才能形成有效风险对冲并达成财富的相对稳定增长。这些投资工具都有专门的书籍介绍，笔者就不再赘述，这里都简单地用一句话来描述其特点：

储蓄——最安全、流动性较好，但往往可能是收益最低的工具；

房产——比较安全、一般情况下收益较好、流动性较差的工具；

股票——流动性很好、可能收益高，但收益和风险不对等（因为没有做空机制）；

债券——收益稳定、流动性一般，是比较安全的工具（风险在于发债方破产）；

期货——流动性很好、可能收益很高，是收益和风险对等的工具；

基金——流动性较好，可能收益较好，但收益不在自我控制之中；

外汇——要看选择多大的杠杆操作，可能收益较大，收益和风险对等；

黄金（非黄金期货）——价值相对稳定，一般情况下收益一般，在特定时间收益较好；

艺术品——在不同的社会环境中，价值相差很大，流动性较差，可能收益很高。

对很多投资者来说，除了储蓄、房产、股票以外，对其他的理财产品是不闻不问的，甚至对股票也只是一知半解。在这样的情况下，投资者就很难有较好的资产配置，在不同的市场行情下无法调整自己的投资组合，流动资金往往不是储蓄就是股票，而且股票被套时又由于对股票不甚了解，同时心中也没有其他好的投资工具而没有及时止损，结果很可能会损失惨重。

马先生是自己开广告公司的，每年的收入应该在100万元以上，他用200万元做股票，在2007年大盘涨到5 000多点时进场的。大盘从6 124点下来，在第一波反弹行情时，朋友劝他去了解一下期货，因为股票没有做空，如果再跌下去损失太大，可能的话可以转出50万～100万元去做期货。他用三个理由回绝了朋友：①期货风险太大；②他不懂期货；③很多专家都说股票会涨到8 000点甚至10 000点。我跟他说如果不懂期货就让别人代做，就像买基金让基金经理代炒股票一样，重要的是做好风险控制，可他还是认为期货就是赌博，自己绝对不去了解更不用说把一部分资产配置进去了。结果，大盘一路下来，他一路被套，200万元变成60万元。后来再见面，则是很主动地问朋友期货这个工具应该如何运用。

我们对任何一项投资工具都不应该存在偏见，股票再好也有熊市，期货风险再大也是可以稳定收益的。所以说多了解一些资本渠道、投资工具没什么坏处，哪怕你现在不用它。

储蓄、房产、股票、债券、期货、基金、外汇、黄金、艺术品这九种投资工具，在不同的市场环境下，对不同资产结构和风险承受能力的个体来说应该如何配置呢？

先说大环境，如果我们身处盛世，国际局势稳定，中国经济快速发展，社会问题较少，那么股市和房产应是不错的选择，基金、艺术品和外汇也可以考虑；但如果我们身处乱世，或者市场明显衰弱（比如2008年全球金融危机，中国不少企业破产或经营艰难，地震、毒奶粉事件频发），那么期货、债券、黄金应是主要选择，储蓄、外汇也可以配置。

再说个人情况，如果你资产较多、风险承受能力低（比如之前有一定的资产积累，但后续家庭收入不可预期），那么房产、债券、储蓄应是主要选择，股票和黄金可适当参与；如果你资产较多、风险承受能力高（有较多的资产积累，并且家庭收入可预期），那么股票、期货、外汇、房产都可以有所配置，艺术品和黄金也可考虑。

又或者你资产较少、风险承受能力低（普通城市居民，上有老下有小，收入一般，储蓄一般），那么应以房产和储蓄为主，债券可涉及，股票少参与；你也可能资产较少、风险承受能力高（高薪白领，收入高，储蓄少，未来可期），那么股票、期货可作为主要配置工具，外汇、基金、债券也可少量参与，房产可放在计划中。

第70课　学习基本面分析

股票方面，影响个股走势的市场面因素有：国际经济局势、国内总体经济环境、国家宏观政策、社会货币流通量（货币紧缩还是流动性过剩）、个股所在的行业发展情况（朝阳产业、成熟产业与其他板块的联动性）、影响行业发展的因素（行业政策、买方市场还是卖方市场、突发事件）、上市公司的内部因素等（领导人、资本运作、盈利、负债、成本控制、新的利润增长点）。

这些信息都可以了解，但是未必都是非常重要的，我们还要给不同的影响因素设置权重，重要性不同对价格的影响也就不同。关键是要知晓主次信息，形成自我判断。

第71课　学习技术分析

学习技术，要学三个方面：①技术指标；②技术表现；③技术把握。

技术指标就是前人总结的各种代表价格或成交量或以往走势变化的各类指标，比如K线、MACD、KDJ、均线等，单单均线又分为1分钟均线、5分钟均线、1日均线、5日均线、10日均线等等。投资者对各类重要指标必须有个基本的了解。

技术表现是指某项或某几项技术指标的走势所体现出来的价格信息和接下来可能的趋势。在这方面不同的技术流派有着不同的指标选择和分析方法。笔者想重点指出的是，技术表现有两个最基本的态势，即"形态"和"趋势"，就是说行情要么在走"形态"要么在走"趋势"，大的"趋势"中有小的"形态"，大的"形态"中有小的"趋势"。

技术把握，就是把技术表现变成买卖信号，或者说把技术表现的各个突破点转变为对账户操作的指导。比如上面讲到的一个股票突破了固有的"形态"进入一个"趋势"行情，那么就可以买入或卖出。

第72课　没有规矩不成方圆

纪律是宇宙运行的基础。人类能够站在地球上，看着日没月升、银河璀璨；感悟着春夏秋冬、草长莺飞；品尝着美酒佳肴；享受着阳光雨露。都是因为整个宇宙遵循着一定的规律，从而使得星系之间各成体系、大小恒星释放能量、行星自转公转并行不悖……也使得人类得以诞生、进化并拥有今天的美丽生活。

唯有纪律，宇宙才能正常运行、不出乱子。

纪律是社会存在的前提。古往今来，虽然社会时有动荡、纷争和战乱，但是人类文明始终是向着更加先进、更加绚丽的方向前进。虽然人类文明几经波折，但我们现在生活的时代始终是有史以来最辉煌的时代。人类之所以能取得如此伟大的成就，说到底是因为任何社会和族群必然都遵循着一定的纪律，以从事生活、生产、奖励、惩罚、谈判、战争等活动。古代社会有着君臣、父子、夫妻、兄弟、朋友之间的纲理伦常，现代社会有着宪法、刑法、民法、经济法、劳动法等一系列的法律结构。

唯有纪律，社会才能长久存在并且不断发展。

我们可以想象，一旦世间没有了纪律，后果会有多么严重。

如果恒星不再发光，那么地球将永远冰藏；如果地球不再公转，那么四季将不再轮回；如果各国之间没了仲裁制度，那么世界大战每天都会发生；如果社会没了刑法，那么犯罪分子将肆无忌惮；如果父子没了纲理，儿子幼时何人来教？父亲老时何人来养？

似乎纪律在束缚我们的手脚，但如果没有纪律，一切都会毁灭。

第73课　遵守两种类型的纪律

要想让自己活得更好，赚得更多，就必须遵守该遵守的纪律。我们需要遵守的纪律分为两种：一种为外部纪律，一种为自我纪律。

对普通人来说，外部纪律就是所在国家的法律法规、所在行业的条例、所在团体的章程等；自我纪律是指自己给自己制定的对待工作的基本态度和方法、对待家人朋友的处事原则以及对待自己的要求等。

对投资者来说，外部纪律是政府、交易所、财政部等制定的法律法规和交易规则，证券公司、期货公司、银行、基金公司等中介机构制定的风险条例等；自我纪律是指根据自己的实际情况，给自己制定的交易纪律和交易系统。

一个人如果不遵守外部纪律，那就是偷鸡或犯罪，可能会风光一时，但最终必然会受到惩罚。遵守外部纪律是必需的，那是一个人的行为处事保持正确和不触犯法律、不被社会有关机构惩罚的首要前提。不遵守外部纪律的人，可能对自己是有利的，但对他人和社会一定会造成危害，所谓天网恢恢、疏而不漏，国家法律自然会去惩罚他。

一个人如果不遵守自我纪律，那就是自我放纵和自我损害，可能会有一时的快乐或利益，但长久而言却会放纵自己的欲望、宽容自己的缺点，会严重阻碍自我提高和自我完善，最终也必然会使自我和家人受到损害。遵守自我纪律是必要的，那是一个人实现自我增值、自我升华的基础。

遵守自我纪律实际上是为了放大自身的能量、减少自我的错误，同时也能更好地服从不得不服从的外部纪律，从而能够在保持正确的前提下完善自我、提升自我。虽然不遵守自我纪律不会犯罪，但如果不遵守自我纪律，则做任何事情都会随心所欲、没有章法。原本是不想被任何事情羁绊，最终反而是掌控不了任何事情。

第74课　遵守纪律，稳定获利

在投资活动中，遵守纪律尤为重要。因为是否遵守纪律和投资结果直接相关，而投资结果又和你的财富增值或损耗直接相关。

不遵守纪律可能会获得两种结果：①获得不稳定的暴利；②损失惨重甚至遭到法律的惩罚。

很多人不去遵守纪律，核心目的就是想要获得暴利。但是暴利不是那么容易得到的，不遵守纪律的直接结果往往是损失惨重。比如，在一位期货投资者的自我纪律中，规定每次下单只用20%的仓位，在严格止损、止赢的情况下，他取得了不错的收益，但他在一次交易中由于过分自信而投入了100%的仓位，结果由于判断失误、做错方向，一次就亏掉了之前两个月积累的利润。

即使通过不遵守纪律侥幸得到了暴利，这个暴利也是极不稳定的，是会随时消失或是被剥夺的。比如，上投摩根公募基金"成长先锋"基金经理唐建，在担任基金经理助理及基金经理期间，以其父亲和第三人账户，先于基金建仓前便买入新疆众和，总共获利逾150万元，实际上唐建是在利用职务之便搞"老鼠仓"，违反了证券法规。被人举报后，上投摩根免去其担任的"成长先锋"基金经理及其他一切职务，并予以辞退。而证监会更是取消唐建的基金从业资格，没收其违法所得并处以罚款50万元，并对唐建实行终身市场禁入。

所以说不遵守纪律，只可能得到一时的利益，最终的损失或惩罚是相当严重的。要想获得稳定盈利，必然需要严格而又坚持地遵守纪律。

或许在严格遵守纪律的情况下，每交易三次只对一次，但是只要在纪律的严格限制下，损失是可以得到控制的、收益也是敢于取得的。只要损失可控，就不会大亏，不大亏就会有大赚的机会。

或许严格遵守纪律短期内不能获得暴利，但是长期而言却能获得稳定盈利。在严格遵守纪律的情况下，一年可能只有30%~50%的收益率，但是如果30%的收益率能够稳定地保持10年，10万元本金就能达到137.86万元；如果50%的收益率能够保持10年，10万元本金更可以达到576.67万元。

想要稳定盈利就要严格遵守纪律，而遵守纪律的前提是：①熟悉外部纪律；②制定自我纪律。

第75课　将规则为我所用

外部纪律主要来源于个人无法左右的既定交易规则，不管是证券还是期货，虽然交易所的规则都是制定好的，想要了解规则也是比较方便的。但是在我们实际的投资中，大家关注的东西往往不是规则的熟悉和运用，而是明天的涨跌，或者下一分钟的涨跌。因此对技术分析有兴趣的人比较多，重视投资理念的就比较少了，熟悉交易规则的更是少之又少了。同样，在林林总总的媒体和投资机构的报告里面，更多的是判断后市走势，而对游戏规则的解读却相当的少。

技术分析只是技术不是科学，投资理念仅仅是个概念也不能定量。在投资市场一大堆不确定性中，只有三个是确定的，即——时间轴永远是向右的，财富一定是会被分配的，游戏规则是既定的。

实际上在投资市场规则非常重要，制定规则的主体一定是盈利的。你可能在股市中赚钱或亏钱，但交易所和政府一定是赚钱的；懂得规则、掌握规则的人，也可以成为市场的赢家。

第76课　结合自身特点定纪律

因为我们不能做规则的制定者，开不了交易所，所以我们一方面可以熟悉和利用市场规则，即上面说到的了解和遵守外部纪律；另一方面则可以制定和执行自己的交易规则，即制定自己的交易纪律和交易系统。

要制定能盈利的交易纪律和交易系统并不难，但要制定适合自己的就难了。所以，首先要保证制定的自我纪律是正确的、是适合自己的。

在制定交易纪律和交易系统的过程中，我们需要根据自己的风险偏好、资金容量、反应速度、时间富余状况、日常工作状况等，去充分考虑：是完全使用客观指标，还是用主观指标建仓谋取盈利，客观指标平仓控制风险？每次建仓建多少，一样还是不一样？每次平仓平多少，一样还是不一样？每次建仓时机，是根据规则不做修正，还是可以自行选取？在不同市场条件下，同一技术指标出现时一样做还是不一样做？每次投资亏损多少止损？如果有了收益，如何止赢？等等。

最终，通过不断学习和实践、摸索和验证、自己开发和询问别人，每个人总可以制定适合自己的交易纪律。如果真的发现任何纪律都不适合自己，那么，要么就不要做投资了，要么就把自己的钱交给别人代为投资。

第77课　建立自己的交易纪律体系

每个人的职业不同，花在投资上的时间不同，因此每个人根据自身特点制定的交易系统也应该各有千秋。

全职炒期货的投资者的交易系统必然和兼职做股票的投资者的交易系统是大大不同的。

下面介绍的是工作繁忙、经常深夜加班、早上可能不在公司、下午一般能上网、风险承受能力一般、不愿给他人代为理财的股票投资者N的交易系统。

1. 交易总规则

（1）只在14：50～15：00看盘，其他时间不看盘。

（2）只持有3~5只股票，每只股票都属于不同的板块，或者干脆做50ETF（510050）指数基金。

（3）只关注流动性好的股票，只关注10只以内股票（新的1只股票列入关注范围后，必须剔除1只老的股票）。

（4）决不抄底。

（5）决不在下降通道买入。

2. 股票分规则

（1）只看收盘价和收盘价附近价格。

（2）从一个阶段低点上涨10%，作为进场信号。20%资金进场（同时持有5只股票时为满仓）。

（3）只要还在上涨，或是回调不到5%，坚决持有。

（4）从一个阶段高点回调5%，作为部分平仓信号。平仓一半筹码。

（5）回调5%平仓一半后，若从一个阶段低点上涨10%，则补回满仓。

（6）从一个阶段高点回调8%，作为全部平仓信号。平仓全部筹码。

（7）从一个阶段低点上涨10%，作为进场信号。20%资金进场。（如此循

环）

3.股票补充规则

（1）如果错过了上涨10%的进场点，但是依然觉得该股票会继续涨，以10%资金进场。

（2）买入后如果再涨10%，则加为20%资金持仓。

（3）持续宽幅振荡行情中（高点、低点收盘价之间即10%～15%之间的振荡）的突破10%，以10%资金进场，再涨10%，加为20%的资金持仓。

需要指出的是，以上的交易系统可能只适合投资者N，其他投资者都应根据自身的需求制定不同的交易系统。

第78课　将纪律规则与时俱进

还需要指出的是，世界上任何一项纪律都不能占据永久的统治地位。

万物在变，你在变，因此纪律也需要跟着改变。如果一个宇航员离开地球来到月球，则地球上的很多规律就不再适合；如果两个国家谈判失败而开战了，那么在停战之前任何和平解决争端的方式都已不再有用；如果一对情侣结婚了，那么他们两人之间的关系就受到了法律的保护，同时法律也限制了他们再找另一个伴侣的资格（除非他们离婚），两人的关系和需要遵守的规矩与结婚前大不一样……

同样，一个国家的证券投资的法律法规，一个交易所的交易规则等都有可能由于市场的变化而改变。比如股指期货开出来了，它会有自己的保证金比例、涨跌停限制和交割机制，和现行其他期货品种的规则都不一样。再比如2007年5月30日之前由于股市投机氛围严重，所以财政部把印花税从1‰升到了3‰。2008年4月为了活跃市场又从24日起将印花税从3‰调回到1‰。而在2008年9月19日，出于救市的原因，财政部把印花税由买卖双边征收改为卖方单边征收，税率保持1‰。

另外，投资者的自我交易纪律和交易系统也应该随着市场的改变、自己资金规模的改变、可用来操盘时间的改变等，做出适当改变。比如超短线投资者M决定不再全职炒股，而是在工作之余做，那么他的短线交易纪律必然要改为中线甚至长线交易纪律。

第79课　记住有了纪律有时也会犯错误

在这个世界上，不犯错的人是没有的。

不要说像你我这样的凡人会犯错，即使是伟人也是如此。我们发现每一个伟人背后，总会有些曾经犯下的大大小小的错误或是失误，他们之所以还能成为伟人，说明犯错本身并没有阻碍他们成功。

刘邦刚打下咸阳的时候，一开始将士们都去皇宫抢金银财宝，他自己看到华丽的阿房宫、众多美丽的嫔妃和宫女之后也开始彻底享受，不想离开皇宫了。但是樊哙、张良的劝谏很快就让刘邦醒悟过来，于是他马上命人封了仓库，带着将士仍旧回到灞上。接着，刘邦召集了咸阳附近各县的父老，对他们说："你们被秦朝残酷的法令害苦了。今天，我跟诸位父老约定三条法令：第一，杀人的偿命；第二，打伤人的办罪；第三，偷盗的办罪。除了这三条，其他秦国的法律、禁令，一律废除。父老百姓可以安居乐业，不必惊慌。"由此刘邦和军队得到了百姓的信赖和好感，最终刘邦打败比自己强的项羽，建立了汉王朝。

可见，即使是帝王也会犯错，凡人自然不用害怕犯错。

事实上，天才也可能犯错，世界上或许只有上帝不会犯错；或者说，甚至上帝也会犯错，因为他造了这么容易犯错的人类。所以，不要怕犯错。

第80课 犯了错误要重视

犯错不可怕，可怕的是你不把错误的结果当回事。

有时候做不好事情，是因为我们太包容自己或是别人的错误了，没把错误造成的结果当回事，错误就会成为或大或小的隐患。

比如我们现在写东西都是用电脑，用的输入法多半是拼音输入法或是五笔，这两种输入法都比较容易产生错别字（很多时候是一种打法出现几个选项，疏忽之下选错了字或词造成的），有些人看到错别字后总是告诉自己："不要紧，反正是写给自己看的、反正是内部文件、反正明天还要改的……"从而就没有及时去改正，结果是写错字成了习惯，写出来的文章或报告错别字比例越来越高，靠事后检查也总有疏漏。最终要给领导看的报告，或是需要在公共场合讲解、提案的文件也老是出现错别字，这样下去，丢脸是小，丢饭碗就严重了。

曾有一位期货基金经理对手下下单员的偶尔出现的下错一两笔单总是很"宽容"，因为每次敲错单要么报不进去，要么只是报价中个位数的错误，损失都比较小。但其下单员就慢慢认为，期货交易下错单是很正常的、是不可避免的，也就逐渐忽视了下单的严谨性，终于有一次该下单员把买卖的方向弄错了，而且当天都没有检查出来，而第二天来了一个反向停板，原本可以大赚，结果却是大亏出场。

第81课 犯了错误要改正

只有知错就改，我们的财富才能稳健增长。那么如何才能做到知错就改呢？

"知错就改"，首先我们要做到的是"知错"。要想知道自己的错误在哪里，为什么犯错，犯下的错误严不严重等都是属于"知错"的范畴。而要想知道这些，就必须勇于直面错误。只有我们直面错误了，才有机会了解错误的本质原因和解决方案。所以说，直面错误是改正错误的前提。

错不在错误本身，错在对待错误的态度。谁都不是一进入市场就能稳定赚钱的，神童有，绝不是我和你。所以，如果你因犯错而亏损了，那就鼓起勇气直面错误吧。

"知错"之后，我们要做的是"就改"。"就改"关键在"就"字上，意思是马上去改、迅速行动，因为错误发生后如果拖个十天半个月可能就已经不再是之前的问题了，所以需要马上行动、马上去改正。因此积极反思、积极行动是改正错误的唯一方式。

发现错误后，我们应该积极反思，以此找到错误的根源，找到修正错误的方法，哪怕只是找到修正错误的尝试也是好的。然后我们要积极行动，不要等犯下的错误逼得你不得不解决的时候才被动地去应对，更不要在错误放大到解决不了时无奈地放弃，而是迅速果断地行动起来，把反思的成果用到修正错误上来，以使错误在第一时间被消灭掉。

当然了，"知错"和"就改"完成后，我们还要尽量做到把错误本身和解决错误的方法总结起来，从而不再犯同样的错误。我们可以针对自己在投资中的各种特征，包括自己的资金大小、时间管理、风险偏好、投资经验、技术水平等，当然更包括自己容易犯下的错误来制定适合自己的交易纪律，并且严格遵守这个纪律。因为遵守纪律是不再犯低级错误、重复犯同样错误的不二法门。

第82课　弄清楚为什么犯错误

犯错不可怕，可怕的是不知道为什么会错。有人在犯了错误之后，不知道自己为什么会犯错，也不知道具体错在哪个细节，这就是比较可怕的事情了。因为如果不知道错误的根源，那就无法找到解决错误的办法，接下来能做的就只有两个选择：①继续犯错；②放弃。就好比你自己不知道怎样的交易手法可以盈利，幸运的是有一位高手教了你一招交易方法，你一开始用效果挺好，可后来却老是亏损，可是你不知道这种交易方式为什么现在不灵了，怎样修正一下才能适合现在的行情。那么，你要么继续用这种交易方式亏下去，要么放弃这种交易方式同时也放弃了市场的盈利机会。

所以，当我们知道自己做错的时候，就应该马上去深入探寻什么是自己犯错的缘由？否则硬着头皮做下去，结果只会越来越差。

第83课　杜绝同样的错误

犯错不可怕，可怕的是犯低级错误、重复犯同样的错误。

没有人会真心承认自己是笨蛋，但是却总有人在犯低级错误或是重复着同样的错误。为什么呢？原因很简单，你在藐视错误。既然是低级错误，就是你认为像你这么牛的人不可能犯的错误，或是只是偶尔失误很容易改正的错误。但现实往往是你越藐视低级错误，你失误的频率就越高。在我读初中的时候，我的同桌自认为智商很高（当然确实比普通人聪明一些），认为任何数学题都难不倒他，表面上也确实如此，好像任何难题他总能找到解题的方法。但是每次考试，他却总是只能得到班级的中等水平，因为他总会标错小数点、画错辅助线、看错英文字母等，犯了很多不放在眼里的错误，当发现这些错误时，他又总会说："失误、失误，这些分要是加上，我就是全班第几了！"当然，总是藐视低级错误，使得"失误"和他形影不离，最后中考也没有取得理想的成绩。

如果你藐视错误那就很容易重复着同样的错误。在投资市场，一种错误的判断方式和交易方法让你亏损一次两次可以，但是让你一直亏下去问题就不仅仅是错误了。

止损，决不犹豫

第84课　努力才有收获

在聊天的时候，甲给乙讲了这样一个故事：

大家每天几乎都是在同一时间来到地铁站，时间长了，车上的乘客便成为老相识。其中一个是乞丐，穿得破破烂烂，拖着一条残腿，样子很可怜。他踏进车厢，必先掏出一根竹笛，吹出《敖包相会》曲子的前半段，然后一拐一拐地沿着车厢往前走，同时唱出那曲子的后半段。最初，甲几乎每次都给他一些钱，不过发现其他给钱的人却很少，渐渐地，对他那每日重复乏味的曲子不感兴趣了，甲也给得少了，有时就不想给了。

这使乙想起留学时生活工作了近十二年的异国城市的一个乞丐。也几乎是每一天下班回家的路上，在那美丽的地铁小站口，总能看见他熟悉的身影，他的身体也有残疾，也是一边演奏一边唱。不同的是，他每天变换乐器和曲目。有时弹奏他的旧吉他，有时拉起他那已经掉色的小提琴；节假日时他往往来一段欢快的曲子，天气不好时他的曲子则可能婉转悠扬。别以为他是卖艺者，其实他是乞丐，每天睡在公园的纸箱子里，属于地地道道的无家可归者。可每次总能看见不少人中途驻足，或给他些钱，或欣赏他的曲子，他那盒子里的钱也总比其他乞丐多。

有一次，乙忍不住问他："这样每天变换乐器和曲目难道不累吗？""如果不努力，今后的日子会更难过的。"他说。

世上的道理就这么简单，优秀的人才靠的是努力，优秀的企业靠的是努力，先进的国家靠的是努力，即使乞丐也需要努力。

面对日新月异、变化莫测的股市，每一个渴望成为股市赢家的人每时每刻都需要更加努力。如果你随便买一只股票，随便卖出就能大赚一笔，那么这种运气会让你产生不劳而获的侥幸心理，当你再一次渴望如此不劳而获时，你一定会赔个精光。因为股市也遵循一个朴实的原则：勤劳致富。

第85课　不以利小而不为

一个股迷自从高位吃套以后，就一直茶饭不思，神情恍惚，夜不安枕。他不明白，自己不畏艰苦劳累，上下求索，历经磨难后竟一事无成，为何到头来两手空空。一天，他听说黄粱梦有一位道士颇有道行，便急匆匆求问。

走进道观，先到正殿参拜吕祖。那吕祖塑像双目微闭，口唇微启念念有词。拜毕，遂问旁边一道士："我们常人有事来求神，如果吕祖有事求哪位神仙？"

那道士颇有几分仙风道骨："求纯阳真人。"他不解："纯阳真人不就是吕祖吗？"

"施主不闻求人不如求己乎？"道士说话倒也爽快。

他继续向寺庙边走去，见到道士模样的就一律毕恭毕敬地尊称"师父"，然后往其手里塞一张币值20元的钞票。他渴望解惑，更希望得到炒股真经。一小道士见他一脸虔诚，就主动带他去见观主。观主问明来意，语重心长地说："世道莫测，人心不古，江湖上化缘的假和尚比比皆是，就连本观也未能幸免，施主也要擦亮眼睛，明辨是非，把银子花在正道才是啊！"

他若有所思：师父所言极是。股市里找俺化缘的上市公司那才叫多哩，招股说明上的墨迹还弥漫着醉人的清香，可上市没几天就出现了严重的亏损。也不知道当初他们是用的什么障眼法蒙混过关的。

他又向观主诉说自己被套后就像着了魔似的，一天不看股评就睡不着，看了股评不到半夜就惊醒了。观主说："那恶魔恐怕源自施主自己爱听鬼话吧？"

他说："正是。但如何才能不信鬼话呢？还请观主赐教。"

"你不妨抓一把黄豆，见到说鬼话的人你就问他，'我手里有几颗黄豆你可知否？'倘若说鬼话的人答不上来，那鬼便会离你而去。"

"我只是在电视上听那鬼影子说话，根本见不到本人，我如何问他？"股迷如实道来。

观主仰天大笑："一个连面也见不到的人，你怎能信他？施主，我敢肯定，即使你面对那说鬼话的人，料他也猜不出你手里有几颗豆子。一个连几颗豆子都猜不出的人，他又如何猜得出大盘和一千多只股票的涨跌呢？"股迷若有所思：股评是一种输赢都吃糖的职业。

他接着向观主讨教如何选股。

"选股如选鸡。"

"怎讲？"

"那只鸡如光打鸣不下蛋，肯定是只公鸡。不打鸣也不下蛋，那就是只落窝鸡。这种鸡留它何用。要么卖掉，要么宰掉。"

观主接着说："最近本观来了一位法号叫'剃光'的道士，按说你们还是同道，他因炒股失败才出家的。现在忏悔室闭门思过。如果你有兴趣，本主引你见上一面？"

股迷连连点头。

听完股迷的炒股经历，剃光面无表情，半天没有说话，直到股迷要离开时，剃光才给他讲了一个渔夫的故事。

从前有个渔夫，是个闻名遐迩的捕鱼高手，什么样的鱼他都能捕上来。可他有个好高骛远的毛病，总想一口吃个胖子，希望把值钱的鱼都捕上来。一年春天，他见市面上的墨鱼走俏，便发誓这一次只捕墨鱼。但他捞出来的全是龙虾，他只得扔到海里空手而归。回到岸上，方才得知龙虾的价格最高。渔夫后悔不已，第二天，他聚精会神地盯着龙虾，对鱼贯而过的带鱼视而不见，结果又空手而归。回到岸上，发现带鱼销得极好。晚上，渔夫忍着饥饿发誓：下次出海，无论龙虾，还是墨鱼、带鱼统统的来者不拒。但老天仿佛有意和他作对。第三天，他既没见到墨鱼，也没见到龙虾和带鱼。

剃光的话像一道惊雷，在股迷脑间炸响，驱散了多年来笼罩在他眼前的迷雾。

人是需要点悟的，否则一辈子都只能在黑暗中摸索。也许一句话、一个理念，就能改变你的一生。

第86课　不要让亏损失控

你的投资在你的掌控之中，还是已经失控了？

在股市大跌时，很多人的投资失控，而且是往坏的方向失控，也许很无奈，也许损失惨重。总之，面对失控的投资局面，自信会受打击、心情会很差、工作和生活会受影响。

为了避免或终结可怜的投资生涯，你应该学会把握投资掌控力，掌控你的投资理财，让投资成为锦上添花甚至雪中送炭的美事，而不能成为你天天担心的事情。掌控投资理财，要掌控的不是收益，而是风险。实际上，我们最好让收益失控。掌控风险，让收益失控，实际上就是要敢于止损，更要敢于收益。掌控风险是指主动止损，说到底，亏损过大是因为自己存有幻想或是不肯否定自己的错误，没有在合适的点位及时止损。最终，你的损失从10%~20%甚至到了50%、60%，这个时候你再想掌控你的投资已是梦话。所以，要掌控风险，就要执行严格的止损制度，比如8%或10%为绝对止损点，这个时候你要忽略你自己的任何想法，要做的事情只有一件，那就是毫不留情地止损。一刀砍下去，让血流出来，是为了不再流更多的血。让收益失控：是指你对自己的投资回报不要抱太大的希望，一笔资金投下去，不要老想着200%、500%的收益，要想着20%的收益就不错了，因为到底能有多少收益在你投下去的那一刻是不知道的，也是没有任何人能真正预知的。我们要让高收益成为一种意外，并且勇敢地接受这种意外。当收益超过20%、30%时，你要告诉自己，这绝对不是自己的本事，这是额外的收益，甚至是对你之前及时止损的补偿，这样你才会快乐，才不至于贪婪。这样，看似只有20%收益预期的一笔投资，由于你相信快乐的意外，由于你敢于让收益放大，所以你不需要止赢，除非你缺钱花，否则，只要在你的投资过了最高点回调8%（或者你自己先前设置的止损点位）的时候执行止损就可以了。也只有这样，你的收益率才可能达到最高。

我们应该厌恶的是风险而不是收益，我们必须明确如果有了损失把单子留着等待损失变小，以及有了收益之后害怕收益变小而早早平仓都是极其错误的。做对了就该留着，我们没有必要害怕收益，也不要浅尝辄止，我们应该一直等到方向错误时再平仓。

　　期货私募基金经理F，操作一个100万元的账户，大豆0809合约是配置组合之一。5月上旬开始建仓，经历了2个多月震荡为主的行情，F先生严格止损，砍仓多次，到7月底，在该品种上的净亏损为7万元。但在8月1日启动的一波大跌行情中，F则牢牢地握着手中的空单，并在中途还适当地追加了空单，最后在8月下旬平仓时盈利22万元，去掉前期亏损7万元，2个多月在该品种的净盈利达15万元。

　　所以说，我们要勇敢止损，更要勇敢收益，我们要掌控风险、让收益失控。或者说主动止损、被动收益，应该成为你投资理财的不二法门。如果你具备了这样的投资心态，你就具备了投资掌控力，你的财富将毫无疑问地稳定增长。

　　投资无非就是心态的较量，是自己与自己的较量，你要掌控的正是你自己的投资心态，而不是其他任何人或者任何行情，所以让自己勇敢一些，赢的概率就大一些。

第87课　止损不止盈

　　在投资中，如何选择个股或期货合约，如何选择时机，如何建仓、平仓等，往往被看做是赢钱的最高秘诀。很多投资专家或理财大师也都是一再强调止损和止赢的重要性。

　　正确的投资理念中应该只有"止损"概念，而不应该有"止赢"概念。也就是说，我们应该把所谓的"止赢"也都看成是"止损"。

　　如果你投入市场100万元，方向做对了，权益最高到了150万元，然后市场走势扭转，资金权益快速下滑，这时你的成本是100万元，还是150万元？如果你设的止损率是10%，那么应在135万元平仓，还是要等回到90万元再平仓？

市场上大部分散户为什么亏钱，无非就是两个原因：第一，做错了老是记着自己的初始资金成本是多少，想回来一点再砍，结果越亏越多；第二，做对了还是记着自己建仓时的初始资金，涨了一段怕回调就抛掉了，结果后面大段的收益都没有吃到。

人们总是把建仓时的资金投入看做是自己这一次投资的成本，而没有把成本看做是动态的，这就是大部分投资者亏了不愿砍、赢了急着跑的原因。

实际上，我们应该把投资成本看做是动态的。也就是说，永远把账户资金的最高点看做是自己这次投资的成本。（股票投资者不妨以每日收盘价来计算资金权益，以此来观察账户的盈亏）

如果你是中线投资者，止损点是8%，100万元资金做下去，方向错了，资金马上就开始缩水，那么应该92万元平仓；如果做下去方向对了一小段，到了105万元后盘面就反转，则应该在96.6万元平仓；如果方向对了，权益一直到150万元盘面才反转，则应在138万元平仓。

记住，你的成本只有一个，这个成本不是你的初始资金，而是你账户持仓资金的最高点，以此成本为基点只要资金回撤幅度达到止损点就平仓。也就是说，在盈利的时候要把浮动盈利全部看作成本，把每次平仓都看做是"止损"，千万不要等到利润吐回去了再平。

第88课　盈利的永远是少数人

不管是投资股市还是期市，似乎能盈利的都只是少数人，而大部分参与者都是亏损的。为什么呢？

市场每时每刻都在变化，不管是一年、一个月、一天、一小时还是一分一秒，只要有成交产生，投资品种的价格就在发生变化。你无法预测明天的K线是往上走还是往下走，往上走多少还是往下走多少，什么时候开始往上走，以怎样的速度往上走等等，永恒不变的只是：K线是往右走的。

　　在变幻莫测的投资市场，在涨涨跌跌的行情走势中，如果你不变化就会亏损；如果你变化的速度没有市场快，那么你可能也是亏损的；或者你变化的方向和行情相反，那么你必定是亏损的。

　　简单来说，在无时无刻不在变幻的市场中，当你的判断和市场相反或是跟不上市场时，你就会亏损或可能亏损。

　　其实亏损是每个人都会经历的，没有人一入市场就盈利，并且持续盈利下去。也就是说，亏损不可避免、亏损也并不可怕，因为只要懂得如何减少不必要的亏损，并且在不可避免的亏损来临时把损失控制在最小范围内，盈利还是可以期待的。

　　那么很多投资者从轻微亏损演变为损失惨重，又是什么原因呢？很简单，亏损之所以会从小变大，就是不止损所致。100万元的投资，出现2万元亏损时，你不止损，亏损可能就变大到5万元，你还不止损，亏损就会变大到10万元，再不止损就到20万元，还不止损就到30万元、50万元甚至更多，当然最终也有可能亏完本金。

　　有人从亏损走向盈利，是因为他懂得及时止损；而有人从小亏损走向大亏损，是因为他不懂得及时止损。

　　其实，止损的概念不但在投资领域相当重要，在生活中、事业上也同样适用。凡是你投入了时间、精力或钱财的事物，当产出是负数时就该及时止损，如果不止损只会让你的损失越来越大。比如你和朋友合伙做生意，眼看着天天付房租和员工工资，可是订单却不见增多，本金变得越来越少时，你是坐等亏完本金破产，还是及早结束合作，止损出局？或者你和恋爱对象结婚后，每天都为一个梦想中的幸福家庭打拼，可是却发现不管你怎么努力，对方都是有意无意地和你争吵，不给你安稳日子过，严重影响你的日常情绪、工作表现和身体健康状况时，你是继续撑下去，还是及早结束这段婚姻，止损重来？

　　所以说，不管是在虚拟的资本市场还是在实实在在的生活工作中，遇到损失如果不及时止损，而放任损失扩大，最终只能惨败收场。但为什么还是有很多人在投资中一输再输、在生活中狼狈不堪、在事业上耗费青春呢？

第89课　侥幸心理要不得

　　你明明做的是短线，到了止损位（比如5％）却告诉自己应该还会涨上去的，这点儿损失很快就回来了，就当成是做中线吧；而盘面很不给你面子，继续下跌，等到了中线止损点（比如10％），你又告诉自己它还是应该会涨上去的，反正亏损也不算太大，就当成是做长线吧。在这种一而再、再而三的侥幸心理支配下，结果必然是越亏越多。

　　确定了自己的交易规则就要严格执行，交易规则的改变不能是随意的，而应该是坚持一段时间后发现这个规则不能盈利才去放弃，而一旦放弃就应该彻底放弃，换成另一种规则，一种根据目前市场特点和自身需求相结合的规则，一种能盈利的规则。一亏损就安慰自己换一种交易规则就不用止损了，只会越亏越多。另外，如果同时想用几种交易规则进行交易，除非是几个账户分别使用，不然也几乎注定是要亏损的。

　　在投资中侥幸心理就像是掩耳盗铃，因为既然危害已经发生，就应该及时止损；而如果你不想面对，只想用各种理由逃避的话，后果会让你后悔不已。

　　凡是怀揣梦想或良好希望的人，在遇到一时的不顺利时，有点侥幸心理是相当正常的。侥幸说白了就是不去分析错误、挫折为何产生，如何解决，而是简单地逃避问题，安慰自己说事态会很快扭转，很快又会转向梦想的方向。与其说侥幸是一种懒惰的希望，还不说是一种脱离实际的奢望。

　　当我们的账户出现亏损时，我们不应心存侥幸，而是更应该对自己苛刻一点，首先是迅速在设定的止损点止损，然后再仔细思考或是向别人讨教亏损的原因。对自己苛刻一点，在第一时间止损，不会让我们终止希望，而是更加靠近希望。

第90课　不甘心的赌徒心态要摒弃

很多人在做股票或其他投资时，总想向别人证明自己是对的。所以常常看到某些投资者在少数几个交易日会手舞足蹈、极其兴奋地向大家展示他对行情判断的正确性；而在大部分交易日则是深锁眉头、垂头丧气地待在一个角落不说话。

证明自己是对的真的这么重要吗？为了证明自己是对的就要忍受账户资金的减少而不去及时纠正自己的错误吗？为了证明自己是对的就一定要和市场对着干吗？

在投资中，这种不甘心认输、不甘心承认自己在犯错的心态会导致在做错方向时不肯止损。

"根据我的分析，它一定会涨上去。"可是它就是跌下来了，怎么办呢？也许你有很多个上涨的理由，但是既然它跌下来了，就必然有更多下跌的理由，只是你没有了解到而已。所以没有必要不甘心，因为你不是神仙，不可能每次判断都是正确的。

要想肯定自己，就用账户的最终收益率来说话，而不是和市场赌气。我们在必要的时候否定自己是为了让自己的财富免受损失。

不要总想证明自己是对的，因为即使你是投资大师，也不可能是永远正确的。如果事实证明自己是错的，就应该欣然接受，快速改正或补救，告诉自己前一次判断错了是好事，因为你可以从中吸取教训，这样下一次正确的概率就高了。

错了却不甘心承认自己的失误、失败，只会让你在下一次类似情形下犯下同样的甚至更严重的错误，从而遭受更多的损失。有能力的人、努力付出想要成功的人，当然要想办法证明自己的能耐，以此获得他人和社会的肯定，达成自我价值的提升和实现。但人的一生有数十载，即便是投资也可以半年、一年甚至三年、五年来衡量成败与否，成功的级别有多高，根本不需要急于在一时一事中证明自己的伟大。

另外，即便一时一事证明自己的正确和成功又如何呢？如果你的行为方式从长远来看是错误的，那么获得的荣耀也就终止于这一时一事了。

因此，亏损的时候，千万不要因为不甘心的心态、不要因为害怕否定自己而一而再、再而三地不去止损，那样只会让你更快地证明自己没有能耐。

第91课　不能对财富缩水说无所谓

有些投资者一旦本金亏了30%，就告诉自己，算了不止损了，反正亏这么多了，看它能跌到哪里去。除非真的对自己的钱不在乎，否则还是尽早止损，因为能跌30%，或许还能跌40%、50%甚至70%、80%，从6124.04点跌到1664.93点，大盘都跌了72.8%，很多个股恐怕跌得更多（比如000617石油济柴，2007年10月17日最高点62.99元跌到2008年10月28日最低点5.19元，跌了91.8%）。不管是否真的无所谓，资金缩水2／3、4／5、9／10可不是什么好受的事情。

实际上，很多人对自己说"我亏这点无所谓"是安慰自己、解脱自己而已；而对别人说"我亏这点无所谓"则多半是不想在别人面前证明自己太烂了、证明自己输不起。

亏损之后，如果无所谓只是自欺欺人、自我安慰和自我逃避的话，那么由这样的无所谓造成的不止损，造成的扩大亏损一定会影响你的信心、情绪、工作状态和生活质量。在投资中我们要对自己的钱负责，对钱负责就是对自己的劳动付出、对自我价值、对家庭稳定的负责。已经亏损较多了却不去止损而是采取无所谓的态度，是极不负责的行为，如果你不要这些钱，可以捐给灾区、捐给希望工程、捐给患重病的穷人，也可以孝敬父母、送给朋友、给爱人买礼物、带全家去旅游等。你没有必要把钱送给资本市场，因为赢钱的人不知道你，更不会感谢你。

如果你的无所谓只是一种逃避、一种安慰，如果你本质上还是"有所谓"的，那就尽快行动、尽量保住你的资金，不要让它缩水之后再缩水。此外，在止损之后，还要时刻寻找让资金增值的机会。

第92课　放弃不是投降

我们身边甚至还会出现这样的投资者，当他的资金缩水一半以上的时候，他就绝望了，对市场、对行情、对政府、对自己都绝望了，认为自己再也赚不回之前的本金了，不如"破罐子破摔"彻底放弃算了。甚至告诉自己以后大盘怎么走、自己持有的股票是涨是跌都跟自己没关系了，也不会再去看盘了，反正自己已经不指望能全身而退了。

但"破罐子破摔"不管用在哪里都不是一个好词汇，它只是对失败的一种固执而已。

当你之前由于种种原因不止损，亏了60％之后，你就放弃了吗？你就可以就当没有这笔钱吗？

放弃，只是对错误的妥协、对失败的投降而已，理性的人不会这么做，有点骨气的想要东山再起的人更不会这么做。放弃等于是失去了重头来过的勇气，主动丢掉了重新崛起的机会。放弃就是承认自己以失败终结了，不想再做一丝一毫的挣扎了。我们的内心真的做得到吗？

即使有人能做到真的放弃，也绝对不会是坦然退出，而是带着悲伤离去。离去的时候，他的背影是惆怅的，他的心是在滴血的。很多由于各种原因损失惨重的投资者，往往自暴自弃地说道："我的本金都只剩1／3了，除了放弃还能做什么呢？让我现在割肉，有什么用呢？即使现在止损了，也不可能再赚回亏损的钱了。"

这种想法是极其错误的，这种绝望也是完全没有必要的。即使我们的资金只剩下鸡肋了，也要保全它，因为它是东山再起的本钱。事实会证明，如果亏损了2／3不止损，很可能还会亏损到3／4、4／5甚至9／10。

即使我们已经亏损了2／3，我们也要主动地、及时地、努力地保全剩下的1／3的资金。我们可以这样设想：虽然1／3的资金要翻回原来的本金不容易，但是只要我们以后善于捕捉机会、遵守纪律、严格止损，每年得到30%的收益是不难的，那么只要4年左右就可以翻回本金了；而如果1／3的资金都不去保全，亏得只剩1／10的话，要翻回本金则要9年左右时间（还是按每年30%的收益率计算）。

第93课　止损才有下一次机会

2006年5月中旬，夏普、罗丽莉和无腿的英格里斯，三位分别来自英国、中国、新西兰的登山者先后向海拔8 848米的世界最高峰珠穆朗玛峰发起冲击。在8 000米以上的高度，他们都遇到了最艰难的抉择。

罗丽莉是5月11日出发的，5月14日登上8 680米的高峰时，双手已经冻伤，明显感到体力难以支撑。她望着距离只有160米的最高点，经过痛苦的徘徊，最终决定不再继续攀登，保持体力下山，等下次再来走完那剩下的160米。

夏普不仅也被冻伤，而且氧气瓶里的氧气也快要耗尽，但他坚决不肯放弃，冒险向最高点攀登。寒冷、伤痛、登山器械残缺、氧气不足，最终使夏普躺倒在海拔8 534米的一个岩石后面。

随即，无腿登山者英格里斯的登山分队从那里经过，看到了气息奄奄的夏普。他们经过激烈的讨论，最后都没有伸手援助夏普，而是为了实现心中的梦想继续登顶。不久，夏普在珠峰顶下约300米处死去；英格里斯则创造了奇迹，成为第一个借助假肢成功登上珠峰的人。

面对咫尺之遥的成功，狂热和冲动使夏普丢了性命，再也无法实现梦想；英格里斯放弃救助他人而实现了自己的梦想，但是8 534米从此成为他一生中再也无法逾越的道德高度；罗丽莉虽因"一步之遥"而没有登上世界之巅，但作为一名普通女子，她拥有了骄傲的资本，她已经站到了绝大多数人一生都无法站到的高度，并且她还有机会再次冲顶。

第94课　止损就是保存自己实力

严格止损，绝对不是对抗自己而是保护自己。在投资这场你死我活的战争中，资金是你的士兵，是你的血液、你的生命，只有最大限度地保全资金安全，才可能消灭敌人、取得胜利。

严格止损，就是要给自己制定严格的操盘纪律，根据纪律来确定该止损的点位，到了点位就必须马上止损，不到点位也不能提前止损。以此让你的资金处在一个可控的安全体系中。

我们知道，同样一件事情在不同的时间做，产生的效果可能有天壤之别。当下该做的事如果没有及时去做而产生了不良后果，就算将来做了可能也无法补救。因此，止损必须是严格的，任何不止损的理由都不能用来对抗纪律。

严格止损，就是要在自己制定的纪律、规则下做一个铁面无私的执行者。如果规则是从资金高点亏损8%止损就不能等到8.1%；如果连续两次止损后，第三次操作依然错误，到了止损位还是要即刻止损。

有时候，我们操作股票或期货时，根据纪律止损之后，盘面很快就反转，重新建仓之后很快又开始亏损，再止损却发现盘面又反转了，这样几次三番之后，很多人就开始怀疑严格止损是否有必要，是否根据自己的判断某些时候不止损也可以呢？

当然不是，如果以上的情况出现多次，你可以暂时不操作一段时间，但决不能不去严格止损。如果到了止损点没有止损，市场突然反转，意外地赚了钱，我们千万不要得意，因为那不是自己的本事；即使止损后又重新涨上去了我们也不用遗憾，因为还可以再次抓住机会。

一次两次不遵守纪律却没有造成损失不足以证明以后都可以不遵守纪律、不严格止损。如果几次三番都不严格止损，但却没有造成额外的损失甚至还略有收获的话，就很可能不再把止损纪律放在心上，不止损就会成为习惯，最终往往成为亏大钱的元凶。

首先我们要弄明白什么是亏损？你的本金或是你已经赚到的钱变少了是亏损，同时，你该赚的钱没赚到也是亏损。简单来说，就是应该在你账户里的钱，现在没在账户里就是亏损。

大部分投资者要么没有止损概念，要么只有平仓止损的概念，而没有建仓止损的概念。该进场时没进去少赚了钱，该出场时没出去多亏了钱，这两种情况都是亏损，而且应该把这两种亏损同等看待。

对你的账户来说，对你的资金来说，建仓可能带来盈利、可能带来亏损，平仓也可能带来盈利、可能带来亏损，每次盈利是建仓和平仓共同完成的，每次亏损也是。因此建仓和平仓是一样的、进场和出场也是一样的。建仓和平仓缺一不可，他们对资金的增长或减少的作用是相同的。

很多人因为知道割肉很疼，所以迟迟不去平仓止损；然而，更多人因为只知道多长一点肉会很开心，而不知道该长的肉没长出来和割肉没有分别，所以只有建仓盈利的冲动，没有建仓止损的意识。

就以投资股票为例，你的财富有两种存在形式，即要么是货币，要么是筹码；你的整个账户或是单个股票的筹码也只有两种状态，即持仓和空仓。如果筹码在贬值，你持有的是筹码，你的持仓就错误了；如果筹码在升值，你持有的是货币，你的空仓就错误了。持仓错误了，需要用平仓来止损；空仓错误了，需要用建仓来止损。

比如一位投资者做股票，目前的账户是100万元，因为错过一个买入机会点，没进场，少赚了10万元；如果进场了，账户应该是110万元。这种不建仓少赚10万元的情况，和账户原来是110万元，错过一个卖出机会点，没出场，多亏了10万元，账户变成了100万元（不平仓多亏10万元的情况），对账户的损害程度是一样的，都应该马上止损。账户原本应该是110万元的，现在由于没进场只有100万元，只要行情方向没有改变，就应该及时止损，马上进场。

第95课　不要因为割肉疼而不止损

在股市里，很多人把止损叫做"割肉"，既然是"割肉"就必然要流血，必然要忍受疼痛，所以很多人害怕"割肉"。

殊不知止损会痛苦，不止损会绝望。

大部分人用于投资的钱，都是自己辛辛苦苦赚出来的，在亏损的时候要亲手割掉一点，当然是痛苦和不甘心的。但忍受一时的疼痛，是为了最大限度地保住本金，是为了避免以后割更多的肉，是为了将来能够赢回本金、获取利润；如果不忍一时之痛，恐怕到最后看着缩水了百分之七八十的资金就会麻木，就会绝望。

A股从2007年10月17日开始的这一波大跌，着实让不少股民经历了从怀揣财富梦想到不得不接受绝望的过程。2008年11月初，一位上海的阿姨是5500多点进去的，虽然她买的是好股票，万科和青岛啤酒，可是一点也不抗跌。当时，她已经3个多月没有看过账户了，因为她已不抱任何希望，害怕看到账户里绿色的亏损数字。

其实，当亏损出现的时候，是让损失终止还是继续，完全在于自己的选择，完全控制在自己的手中。我们应该把止损看做是获得新机会的开始，试想从6124点下来，如果在5500点止损，到2008年年底有多大的机会啊！即便在5500点没有止损，在4800点，在4000点也都是好的。

账户产生亏损是因为你的一次投资决策错误了，但错误并不可怕，及时把错误改正，它就消失了或是缩小了。一位在金融市场从业20来年的人士说，对亏损他总结了六个字"不怕错，只怕拖"。确实，任何人都有判断失误的时候，而真正的投资高手无非就是比普通投资者更加敏锐地发现错误、纠正错误而已。你也会发现，身边的人可能是和你同一个点位进场的，虽然大家都做错了，可由于他较早止损出场，最后他只损失了10%，而你却损失了50%以上，可想而知，下次大机会来临的时候谁更容易翻本，谁更容易盈利。

股市中两位投资者P、Q，同样是100万元入市，在牛市中资金最高点都到达了150万元。当一次较大的回调到来时（比如2007年的530大跌），选择止损的P保全了135万元，而不止损的Q只保全了110万元，如果行情再次上涨30%，则P得到了175.5万元，而Q只得到了143万元；或者他们还是100万元入市，但遇到的却是熊市，选择止损的P保全了90万元，而不止损的Q只保全了20万元。当下一波行情来临时只要上涨11.1%，P就赚回了本金，而Q则要在上涨400%的情况下才能赚回本金（这种行情可能10年、20年都遇不到了）。你会学P还是Q？你是选择止损，还是不止损？相信已经有答案了吧。

第96课　止损最忌犹豫

一名男子在关键时刻救起了一名落水儿童。当记者问他救人的时候在想什么时，他说没有什么好想的，看着孩子落水，就急忙地跳了下去，一心想着把孩子给救上来，根本没想过自己的危险以及万一发生些什么事情该如何处置。他说，我还真没往那方面去想，如果想了，或许一切都晚了。

是的，止损面前容不得我们去细想，如果真要想明白了再去做，也许，事情的结果会很糟糕。谁也无法预测下一秒钟将会发生什么，谁也不知道我们的将来会是怎样。所以，我们只有认真地过好属于自己的每一秒钟，属于自己的每一天，才能最终赢得一个灿烂的人生。实战中，只有坚决地、无条件地执行指令，才能最终走进股市赢家的凯旋门。

一个友人，凡事都特别计较。对于任何事情，他都会细细地去想去考虑。爱情在他的考虑中失去了，事业也因他太过优柔寡断而和他失之交臂。他不明白，为什么上苍要如此对待他？于是整日里忧心忡忡。其实，他是在和自己较劲。生活中，太多的事情，容不得我们去细细地推敲，事情来了，我们就要尽全力去做好，如果太过于计较个人的得失，那么我们会在计较中失去太多的东西，诸如友情、爱情、亲情，都会在我们的计较中远离。

面对乱麻，简单处理。没有什么好犹豫的，实际上是对止损最好的诠释。

法国文学批评家罗兰·巴尔特在谈到中国的筷子时，认为筷子不像西方餐具刀、叉那样用于切、扎、戳，因而"食物不再成为人们暴力之下的猎物，而是成为和谐地被传送的物质"。许多老外到中国来，热衷学习使用筷子，拒绝使用刀、叉，好像不用筷子就不能品味中餐的美味。可是有一件事许多外国人始终搞不明白，那就是：用筷子怎么喝汤？我曾经听见一个老外说：一定有一种吸管那样的筷子，平时夹菜吃饭，喝汤的时候就放在嘴里吸。我告诉他，中国人喝汤的时候把筷子放在一边，或用勺子喝，或端起碗喝。外国人听了，似信非信：就这么简单？是的，就是这么简单。可是，简单的事情往往被人弄得越来越复杂。

这个故事简单明了地说明了一件事情：不要把问题复杂化。说起来，大家都知道有些问题本应该简单却被复杂化了。但是，想要一个人能够做到该简单化的时候简单化，该复杂化的时候复杂化，恐怕很难。其实这件事用不着烦恼，尤其是正好面临问题的时候——与其困惑，不如果断。这样就是在用简单的办法处理问题了。

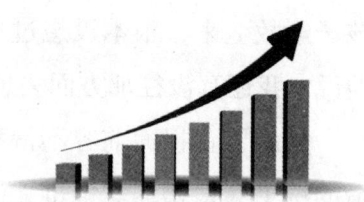

投资是为了盈利，但盈利不是人生的全部

第97课　重新审视金钱

　　金钱是一种特殊的商品。自从人类社会有了商品之后，从一开始的以物换物，到出现一般等价物，到出现固定的一般等价物，再到出现金属货币和纸币，我们知道金钱的出现和使用都是历史发展的必然，金钱作为一种特殊的商品在商品交换中起着重要的中介作用，其他一切商品都需要用金钱来衡量价值，并通过金钱的标价和交换来实现价值。金钱，虽然给人类带来很多问题，但它依然是人类最伟大的发明之一，是金钱提高了商品交换的便利程度，是金钱繁荣了商品经济，是金钱推动着市场发展。

　　每个人都可以用金钱来换取一定量的物质和精神生活，用于交换、使用、消费资源，用于给精神世界带来一定的感受。在我们的生活中，金钱是无处不在的，它早就渗透在我们衣、食、住、行的各个方面。作为一个现代人，如果没有钱，在社会上将寸步难行；如果有了钱，就可以得到相应的物质享受或精神享受。

　　金钱是对物质世界控制能力的数量化表现。金钱作为可以交换其他一切商品的特殊商品，人们可以通过金钱换取任何可以被称为商品的社会资源。拥有金钱的数量越多所表达的价值就越高、所控制的社会资源就越多、所占有的社会权力就越大。很明显，拥有1亿资产的人对物质世界的控制能力比拥有1万资产的人要强大成千上万倍。

　　金钱是划分阶层和评价成功的重要标准。古往今来用以划分阶层高贵或低贱的标准只有两个，一是血统，二是金钱。随着历史的发展，我们发现，在阶层认可中血统一直在逐步地让位于金钱，使得当今世界的国王和贵族们失去了往日的风采和统治权。而评价成功的标准，一直以来也有两个，第一是对人类或群体贡献的大小，第二还是拥有金钱数量的多少。在当今的商业社会，所谓的贡献又常常以金钱来衡量。所以说，金钱似乎已经成为人类社会评价高贵与否、成功与否的首要标准。穷人、富人、平民、白领、小资、中产、企业家等社会角色，说到底最重要的划分标准还是金钱标准。

金钱很重要，金钱能给人带来快乐。在我们的日常生活中，金钱能够为我们解决绝大部分问题，满足我们绝大部分需求，不管是物质上的，还是精神上的。比如喜欢一件衣服，可以用钱买到；上班路程遥远，可以用钱买车代步；想要了解一段历史、一位名人或一种艺术，可以买一本相关的书籍；心情不好时，还可以花钱看电影、看喜剧、K歌，甚至找人陪聊。其实每个人都很清楚，金钱可以让我们在生活中感到舒适和快乐。

金钱不能换取一切。金钱可以换取我们大部分想要的东西，但不是说它是万能的，还有很多事物金钱是买不来的。比如我们可以用钱来买房子，但是不能买来一个家；可以用钱来买钟表，但是不能买到时间；可以用钱来买书，但是不能买到知识；可以用钱来买职位，但是不能买到尊重；可以用钱来买性行为，但是不能买到真爱……

所以我们对金钱的态度不应该是极端的，认为金钱万能或是认为金钱无能都是片面的，也许对我们每个人来说，金钱都是：不够不可以，多了有麻烦，不多不少最愉快。

可是如何才能赚取不多不少的金钱呢？如何才知道自己拥有的金钱不多不少呢？这就要求我们每个人重新审视金钱，我们可以问一问自己这些问题：

（1）我挣钱的过程快乐吗？我挣到钱的时候快乐吗？

（2）我对自己现在的财务状况满意吗？

（3）我个人或家庭有财务问题没解决吗？

（4）我努力挣钱的核心目的或五大目的是什么？

（5）拥有再多一些钱我能活得更快乐吗？

（6）拥有财富会让我感到不安吗？

（7）钱一直是我生活中最重要的东西吗？

（8）对钱的追求会让我感到压力很大吗？

（9）我会舍弃原则去挣更多的钱吗？

（10）让我现在捐出50%的钱我能做得到吗？

只要你仔细认真并且不违心地回答以上10个问题，你就能了解自己对金钱的看法，也会发现自己的金钱观念是否合适，进而也可能会改变对钱的看法。

第98课　认识比钱更重要的东西

对某些人来说金钱是人生中最重要的东西，为了追求金钱可以舍弃一切，为了获得金钱可以不择手段，这样的人当然会遭到大家反对和唾弃，有一点良知和自知的人都不会以此为榜样。

由于金钱可以换取其他一切的有价商品，所以它就有了一种令人疯狂的魔力，被蒙上了一层神秘的面纱。很多人认为金钱是万能的，只要有了钱就一定会幸福。钱，成了他们唯一向往的东西。在他们眼里，只要有了钱，就会拥有一切。

其实，我们只要问一下自己这样两个问题，就会明白金钱到底是不是最重要的：第一，"如果金钱是最重要的，那么你自己和金钱比哪个更重要"？第二，"你拥有了多少钱之后才会幸福"？

当然，不可否认的是，金钱对我们每一个人都很重要，失去它时我们会很痛苦，离开它时我们将无法生存。因此，我们总会在人生的某个阶段把金钱看得特别重，看得比其他很多东西都重要，为了追逐金钱、拥有金钱而错过或失去了一些美好的东西，并在蓦然回首的时候发现，原来金钱所带来的快乐也是有限的，当初追逐它的时候放弃了很多比它重要的东西，这些比金钱更重要的东西有些可能已经一去不复返了，有些可能需要我们加倍努力才能重新找回。

那么，对我们大部分人来说，比金钱更重要的东西有哪些呢？比金钱更能给我们带来幸福和快乐的东西是哪些呢？

比金钱更重要的东西有很多，笔者认为至少有以下四类。

1. 爱情、亲情、友情等人生情感

爱情、亲情、友情是人世间最宝贵也是最值得珍惜的情感，人与人之间如果有着真诚的情感联系，就会感到无比幸福，最能感动人的往往也是至真至纯的感情。伟大的爱情可以超越生命，更不用说金钱；父母对子女的付出和关爱，大部分是不求回报的；真正志同道合的朋友会尽最大的努力帮助对方支持对方，而不考虑金钱的回报。

时下，很多人在选择结婚对象和结交"朋友"时都会把对方拥有多少财富放在首位，这样的结果只是玷污了"爱人"和"朋友"这些原本高尚的字眼，他们得到的也只是有条件的"等价交换"，一旦他们自己失去了对方所认可的价值时，"爱人"和"朋友"就会离他们远去。

2. 生命、健康、活力等身体状态

生命、健康、活力是属于每个人自己的，适量的金钱可以使它们更加美好，但再多的金钱也无法换取它们。每个人都能活着，每个人都会死去，金钱再少的人也拥有长寿的权力，金钱再多的人也没法再活一次；健康的身体除了遗传和生存环境的影响以外，更多的是要靠自己去经营而非用金钱去换取；身体的活力是身体各项机能协调运作的外在表现，也是用金钱换不来的。

3. 乐观、自信、激情等精神状态

不管有钱没钱都可以拥有乐观、自信、激情的精神状态，乐观、自信和有激情的人即使贫穷也不会感到失落和痛苦，他们反而是人群中最快乐也是最能给他人带来快乐的人。

4. 认同感、成就感、满足感等成功感受

有时候获取一定的金钱可以带来认同感、成就感和满足感，但认同感、成就感和满足感并不只是金钱才能带来的。更多时候，认同感、成就感和满足感的获得是和金钱无关的，或者金钱只是配角，除了金钱还有更重要、更能让人感到成功的东西。

对每个人来说带来成功感的东西可能不同，但往往不是金钱带来的。比如对一个作家来说，观点的认同和共鸣比版税收入更能带来成功感；对一个学生来说，考试得100分比得到100元钱更能带来成功感；对一个公务员来说，人民的拥护和职位的提升比薪水的提升更能带来成功感……

拥有上述人生情感、身体状态、精神状态和成功感受的人，即使没有足够的金钱也会感到幸福，即使贫穷也会感到快乐；而失去它们的人，即使拥有再多的钱也是痛苦的，再富有也是枉然的。

为什么有人拥有很多钱还是不快乐、感觉不到幸福，因为对一个人来说还有很多比金钱更重要的东西，而他们不曾拥有或已经失去。

或许我们应该揭开金钱的神秘面纱，还原它只是一种商品的本质，或许我们应该重新定义"贫穷"与"富有"，或许真正的"贫穷"和"富有"与金钱无关。

我想，我们既不能像晋朝的王夷甫那样把金钱蔑称为"阿堵物"，连碰也不愿碰它；同时，我们也不能把它看作万能之物，不能为它而疯狂，还有更多比金钱更美好的事物值得我们去追求、去珍惜。

第99课　把钱看成一种工具

金钱，能给人带来快乐，也能给人带来痛苦；能让人感到幸福，也能让人感到落魄。其实，我们要明确的是，金钱只是一种工具，用它来完善自己还是腐化自己，愉悦自己还是压抑自己，取决于自己。

贪婪者，会永不停步地甚至不择手段地追逐金钱，对他们来说拥有再多的财富都是不够的，唯有不停地使自己的财富膨胀才能得到安慰，一旦财富停止增长甚至开始缩水时，他们将无比痛苦。

知足者，只在乎现在拥有的财富能否让自己的生活过得如意，如果金钱已经够用了，那么额外的财富对他们而言是没有必要、没有用处的，甚至还是个负担。

善人，使用金钱不单是为了自己，也会服务他人，他们会用自己的财富服务社会、帮助弱者，让财富发挥积极正面的作用，让社会充满温暖。对他们而言，支付金钱的多少并不重要，重要的是金钱能给社会带来多少益处。这样的人赚钱的能力越强，拥有金钱越多，对社会的益处就越大。

恶人，获得金钱和使用金钱都只是为了自己，在获得金钱的过程中，一切的障碍他们都会想方设法加以毁灭，在拥有金钱之后，一切对自己不利或是让自己不愉快的人和事物，他们也会用金钱加以毁灭。对他们而言，自己才是世界的中心，与自己相违背的一切事物都不应该存在。这样的人对金钱的欲望越强烈，拥有的金钱越多，对社会的危害就越大。

金钱能给人带来快乐，特别对是有思想的人、知足的人来说，金钱可以带来真正的快乐；金钱能使人堕落，特别是对没有立场、情趣低下的人来说，金钱可以让人堕落。其实金钱只是一种催化剂，它能让高尚的人更高尚，让堕落的人更堕落。

能够赚钱，能够掌控钱，努力、善良而又淡泊的人，才是真正高尚的人。我们应该营造一个正向强化的社会环境，应该进行一种正面的金钱教育，让努力、善良而又淡泊的人越来越强大，让高尚的人拥有掌握更多金钱的权力，这样金钱才能发挥最好的作用。

既然金钱只是一种工具，那么就把它当做工具去使用，使用的时候了解它的作用、副作用和危害就可以了。万万不要没把工具使用好，反而成了工具的工具，即做不好金钱的主人，反而成了金钱的奴隶。

如果我们工作赚了钱，投资赚了钱，就让金钱为我们服务，去购买你想购买的，去消费你想消费的，让自己成为金钱的主人，让金钱给你带来快乐；而不是成为金钱的奴隶，整天守着钱，生怕它丢失、缩水或贬值，不用金钱去换取必要的放松和享受，只是更加辛苦地继续赚钱、积累钱、储藏钱、保护钱。

欧洲文学中有四大吝啬鬼，莎士比亚喜剧《威尼斯商人》中的夏洛克，莫里哀喜剧《悭吝人》里的阿巴贡，巴尔扎克小说《欧也妮·葛朗台》中的葛朗台，以及果戈理小说《死魂灵》里的泼留希金，他们是吝啬鬼典型，也都是金钱的奴隶而已。

比如，《欧也妮·葛朗台》中的葛朗台，就被我们称为"守财奴"。本应该成为金钱支配者的他，却沦为了看守财产的奴隶。"看到金子，占有金子，便是葛朗台的执著"，金钱使他异化。他为了财产竟逼走侄儿，折磨死妻子，骗取独生女对母亲遗产的继承权，不许女儿恋爱，断送她一生的幸福。在他弥留之际，竟几小时地用眼睛盯着金子，脸上的表情仿佛进入了极乐世界。当神甫把镀金的十字架送到他唇边，给他亲吻基督的圣像，为他做临终法事时，他竟做了一个骇人的姿势，想把金十字架抓到手里，这最后的努力送了他的命。他临终对女儿的遗言竟是"把一切照顾得好好的，到那边来向我交账"。

葛朗台一生疯狂地追求金钱、占有金钱，最后被金钱所累而倒下时仍然呼唤着金钱走向坟墓。这样的人不是金钱的奴隶是什么？

当然，文学作品可能有想象和夸张的成分，但我们可借此时常提醒自己：做金钱的主人，而不是奴隶。

第100课　知足常乐

俗话说"知足常乐"，凡是快乐的人必然是对自己的当下感到满意的人。

生活中"朋友"的多少和快乐不成正比，只有一两个知心朋友的人可以过得很快乐，而拥有一大堆狐朋狗友的人却过得很痛苦。

工作中薪水的多少和快乐不成正比，薪水并非多多益善，我们时常看到坐前台的小姑娘满脸笑容而坐总经理办公室的老总满脸愁容。

投资中收益率的高低和快乐也不成正比，有些人一年收益30%已经很是满足，而有些人一年收益60%还觉得远远不够、妄自菲薄。其实收益并非越高越好，而是适合自己的最好。设想一下，因为某人还有很多交易以外的重要的事情要去做，不想时时刻刻看盘，因此比较少做交易，短线的机会就放弃了，外盘的机会也放弃了，他可能平均每年只有30%的收益率，但他却对这个收益率很不满意，从而强迫自己白天每时每刻都盯着内盘，尽量抓住每个机会，到了晚上又强迫自己盯着外盘，外盘的机会也不想错过，这样做确实把握了赚钱机会，如果他的交易方法适当也确实能提高收益水平，但由此他可能要放弃交易以外的一切，包括良好的睡眠、陪家人的时间、锻炼身体和放松自己的时间等等，除非交易是他唯一的乐趣，否则即使他的收益率达到了100%甚至更高，他还是没有之前快乐。也许适合他的就是偶尔看看盘，只抓大机会，一年30%的收益。

1. 有舍才有得，知足常乐是贪得无厌的对立面

知足常乐是指"知道满足，总是快乐"，而贪得无厌则是指"非常贪心，

永远没有满足"，它们两个是完全对立的。在投资中，知足常乐是我们应该具备的心态，而贪得无厌是我们必须克服的心态。因为贪得无厌只会带来两种结果：第一种，投资水平还不到位、精力也不够充分，却总是想要更多、更多、再更多，结果失误频出，最后将是一招错而满盘输；第二种，投资水平已经到位、大部分精力都放在投资上，已经有了较好的收益，却也是想要更多、更多、再更多，结果为"钱"消得人憔悴，完全失去自我，彻底沦为赚钱的工具，而无福享受财富所能带来的乐趣。

2. 我们追求的是知足常乐，不是随遇而安，更不是逆来顺受

随遇而安是指"能顺应环境，在任何境遇中都能满足"，逆来顺受是指"对恶劣的环境或无礼的待遇采取顺从和忍受"。很多人认为，随遇而安、逆来顺受和知足常乐是差不多的。其实不然，因为知足常乐是积极的人生状态，随遇而安是中性的，逆来顺受则是消极的。

禅学的理论很深奥，但是禅学运用在炒股过程中，却充满了生机活趣。

有人问，什么是炒股功夫？禅说："阳克阴就买，阴克阳就卖。"人不解："我也是看到带量的阳线才买，看到阴线才卖，可我还是亏。"但是，你不是买在第一根阳线上，也不是卖在第一根阴线上。

小时候，我们特别听老师的话，老师叫往东，绝对不敢往西。长大以后，我们能耐了，总想自己说了算，谁的话也听不进去。特别是混迹股市的人们，一天到晚挖空心思琢磨庄家，结果聪明反被聪明误。因此，要想获得开悟，就一定要放下那颗复杂的心，死心塌地当庄家的敢死队，庄家说上就上，说下就下，而且做到无怨无悔。

混迹股市的年头越多，胆子变得越来越小。在卖出形态面前，成熟股民总是表现得战战兢兢，因为他吃够了"枯木倚寒岩，三冬无暖意"的苦头，所以现在见了卖出指令转身就跑。

禅学经常说："舍得。"有舍才有得，能舍才能得。舍去的是妄想，得到的是智慧。

心态调整盈利口诀欣赏

口诀1：炒股获利总有因，心态百炼沙中金

口诀要点

做股票投资，修炼个人心态很重要，它甚至比知识技能更重要。培养一个好的炒股心态，你就能够在任何时候理性投资，你知道必须相信自己，要独立思考，要自我督促，胜不骄败不馁，这样长期坚持下来，最后自然会成为股市中成功的投资者。

口诀详解

很多投资者都有这样的体验：亏损接踵而至，看对了没做，做了没握住，看错了却做了，该止损却因犹豫而没止，进场出场时心存恐惧等等，这些都是由不良的炒股心态造成的。不要怀疑，心态才是交易最后能否有效执行的关键，可以说围绕交易所做的一切努力最终都需要良好的心态来落实，能否及时止损、能否让利润充分增长，关键也在于心态！

投资者必须学会平和地面对亏损。割肉止损当然是不愉快的，但你要明白，亏损仅仅是交易获利所必须付出的代价而已，是寻找获利机会的正常成本而已，任何获利都必须付出代价！刚学止损的时候，亏钱总是痛苦的，但随着时间的推移，你经历了小损成为大损的过程，其间的焦虑、怀疑、失眠，一次又一次，你就逐渐形成快速止损的心态。开始时定下的止损规则显得难以执行，慢慢地成为下意识的行动，一旦股票运动不对，不采取行动就寝食难安。这个过程，就是你学股的成长过程。

不要太多地考虑获利。对获利的过度渴望常常会影响你心态的平衡，你的心情会随着价格的波动而时好时坏，买了总希望价格一路飙升，卖了总希望价格一路暴跌，这种急切获利的欲望本身就会导致心态不安。要知道市场永远不会按你的心情来走，在交易中我们唯一自己能控制的只有止损，而盈利却不会

听我们的摆布。我们只能做我们能做的，并且要努力做好我们能做的，做好了我们能做的，你追求的东西自然会来。

学会细致地观察市场。用你的知识及经验判断市场的行动及发展，做到这点的基础当然是你必须有一定的市场知识和经验。随着时间的推移，自然地，你会"感觉"到市场下一步的"方向"何在。潜意识中，你会听到一个声音："现在是买进的时候"，或者是"现在是卖出的时候"。这时你开始将这个声音和你的规则相比较。你若想买进某只股票，你开始问：这只股票处在升势吗？这家公司有没有新产品？股票的大市是牛市还是熊市？这只股票的价格变化和交易量的互动是否正常？你问自己内心中"买"的声音是源自"自以为是"还是客观的判断？

正确地做好资金管理。在正常情况下，你只能做你能亏得起的交易，你的亏损应在你能承受能力之内。所以资金使用规模可以你的最大止损额来计算，而不能以预计利润来算。你的资金使用规模应和你的交易能力结合。交易能力强可以使用大一点的资金比例，否则你会认为你的获利太小而心态不佳；而交易能力差的投资者最好谨慎一点，否则你的亏损会超出你的想象和承受能力，令你心态大乱。

专心地研究股票知识。工欲善其事必先利其器，要想在股市中有所斩获，你要专心研究股市的规律，这需要实践。只看几本书是不够的，就如同游泳，无论你读了多少游泳的书，不下水是不成的。专心地观察股市，它是公众参与的行业，是有迹可循的。你如果每天都告诉自己："我从炒股中得到很多乐趣"，你的心态就会不一样。把工作当中享受，你会更专心。我所见到的大多是玩股的，把炒股当成业余消遣，这些人永远都达不到专业的层次。

口诀点金

特别要指出的一点是，投资者应学会独立思考，这对培养稳健的投资心态很有帮助。在这一过程中，你可以能会碰到很多嘲笑你的人，或者试图以自己的想法影响你决策的人，此时你一定要坚定自己的想法。要记住，在股市中真正赚钱的是非常少数的人。

口诀2：炒股玩的是心态，贪婪恐惧成大害

口诀要点

投资者在做决策时往往会受到某些心理的影响，做出并不理智的决定，这些心理就是恐惧与贪婪。巴菲特曾说过，贪婪和恐惧是投资界中传染性极强的灾难，而要想在股市中获得成功就要在别人贪婪的时候恐惧，在别人恐惧的时候贪婪。

口诀详解

股市的高收益具有极强的诱惑力，许多投资者既爱它，又难以把握它；股市的风险具有极大的杀伤力，令众多投资者既怕它，又难以割舍。要知人性最大缺点是贪婪与恐惧，这两种情绪足以使投资者错过机会，先成功，后失败，从而惨淡收场。

在投资中，投资者往往陷入恐惧与贪婪的心理误区。比如说很多人买股票，有盈利的时候心情紧张，会迫不及待卖出股票，而在被套牢的时候却一直给自己暗示，总会涨回来的。结果是我们经常听到这样的抱怨，"这么好的股票我买过，就是太早出局了！"或者"早知道要跌成这样，18块时我就卖掉了！"。

知道了贪婪与恐惧的危害，我们该如何克服它们呢？

1. 不要因恐惧而畏首畏尾

恐惧是一种极端的情绪，它往往令人过于退缩。我们知道股市升升跌跌是正常的。股价刚上扬时，涨了还涨，见股价已高，怕追进吃套，然后越怕，它越涨，强者恒强。许多股民在低位踏空，在高位买入被套。在股价不断下跌，风险随之释放过程中，看到自己手中的股票持续几只跌停板而恐惧，不但不敢抄底，反而"割肉"在地板价上，失去机会。

恐惧是有传染性的。听到战争的时候，人人都充满恐惧，虽然远离战场的普通百姓，受到身体伤害的可能性其实很小，但因大家都恐惧，所以我们也恐惧。在股市上，熊市来了，股民们开始恐惧，我们也随其他股民的恐惧而恐惧。事实是当普通股民感到恐惧的时候，熊市通常已接近尾声。但我们绝没有胆量在这个时候逆大众心理而动，恐惧使我们在应该进场的时候反而出场了。

恐惧有很强的记忆能力。你如果在股市经历了一个可怕的亏损，你将恐惧同样的经历会重新出现。在下次投资的时候，你的判断力就会受到这个经历的影响，任何可能有麻烦的迹象，无论这迹象是多么小，多么的基于想象，你都将作出离场的决定，以避免再次受到伤害。这就是炒手们常常过早离场的原因。应该获利五万元的机会，你可能只得到五千。上次你有了赚钱股票以亏钱收场的惨痛经历，你这次要避免同样的伤痛，什么走势、大市、分析等你都顾不得了。

2. 不要因贪婪而陷入风险

贪婪是人类与生俱来的一种情绪，只不过有些人克制的比较好一些。一方面出自人这种动物对争夺生存资源的自然反应，另一方面源自对自己的无知，对外界的无知，所谓缺乏自知之明。在股票投资上，这种情绪是极其有害的。

股市中隐含着许多充满诱惑力的赚钱机会，于是很多人的贪欲就被释放出来，赚1万元，又想赚10万元，持有的股票上涨了2元，又想上涨4元……贪使人永远得不到满足。一波行情结束，总有那么多贪心的失败，股指劲升到6000点，还在盼高8000点，本来出手已有大利可得，但还继续持有，梦想暴富。岂不知股市突然狂泻，不仅本来可赚的利润没有得到，甚至连老本也赔了进去，搞得自己痛不欲生。还有一种贪心，却是希望股市不断下跌，想在底部捡到更廉价的筹码，真正的底部便在贪心中逃逸。

贪婪是情绪反应的另一极端，它首先会使你失去理性判断的能力，不管股市的具体环境，你无法让钱闲着。不错，资金不入市不可能赚钱，但贪婪使你忘记了入市的资金也可能亏掉。不顾外在条件，不停地在股市跳进跳出是还未能控制自己情绪的股市新手的典型表现之一。

口诀点金

一个成功的投资者不但要有丰富的知识，还需要有良好的心态和清醒的头脑。更为重要的是，需要去克服某些心理因素进而做出更理性更准确的决策。特别是散户，入市一定要量力而行，不以涨喜，不以跌悲，多点逆向思维。别人贪婪我"恐惧"，别人恐惧我"贪婪"，这样才能笑看风云。

口诀3：入市心平莫躁狂，赚钱未走反遭殃

口诀要点

炒股之前，一定要先提醒自己保持心平气和的炒股态度。越是着急赚钱的人越是赚不到钱，真正赚到钱的人，反而经常是那些置输赢于度外的人。

口诀详解

投资者必须明白这一点，炒股不但需要知识，需要技巧，但是更需要保持好的心态，只要有钱赚就快乐，不为少赚而坏自己的心情，也不为暂时的亏损而烦恼不已。接触躁狂情绪，面对深套，特别要乐观，因为股市的钱实际上是不断流动的，只要还没有打算离开股市，那么现在亏了钱迟早也会赢回来。

很多投资者之所以在股市中屡战屡败，原因就是心态不够平和。在股票投资中平和的心态是至关重要的。一个成熟的投资者，应该首先通过自己对上市公司基本面的充分了解和研究，发现市场中价值被低估的股票，耐心等待买入时机。买入后以投资的心态坚定持有，直到获得满意的投资收益。这个成功的投资过程说起来简单，真正做到是很不容易的。尤其是在牛市的环境中，始终保持一种平和的心态就更难。

一些投资者看到大盘疯涨，总是嫌自己手中的股票涨得慢，不停地换股，不停地被套，心态变得越来越坏。回过头来看到自己最初买过的股票已经翻番，惊叹中懊悔不已。

还有些投资者看见别人持有的股票涨停了，或者获利多好，心里对自己的股票持有怀疑态度，然后做出错误的决定，割肉或随便调仓，等你换股，股票涨了。要知道股市中，没有一直涨的股票，也没有一直跌的股票，就看你是否拿得住，是否有耐心，所以，不要随便割肉，割肉斩仓也要讲究水平和技巧，该割肉或止损时不要犹豫，不到时候，耐心持股待涨。

下面列出一些常见的炒股浮躁心态表现，投资者不妨自检一下：

要求苛刻，希望每买一只股票就立即飙升，稍微套一下都无法容忍；

要求卖在最高点，如果自己卖出后那票继续上涨，内心就很不平衡；

要求任何时候都领跑。任何时间段，自己的股票不仅要涨，而且要领涨，否则就认为必须赶紧换马。

要求零风险，风险意识太过强烈。买进的股票，成天提心吊胆，还没有开涨，就慌忙扔掉了。

要求短线急涨，对持有的股票缺少耐心，即使幸运地骑上一匹黑马，也只是赚了点零花钱，就匆忙换股操作了。

当感到自己的炒股心态过于浮躁时，就要及时地调整。最好的方法就是不要离股市太近，不要天天盯着电脑，盯着行情，被股市种种随机的变化所干扰，变得六神无主；遇到股票行情不好，也要暂时离开股市，否则越看行情或者K线图，就会越受刺激，甚至会做出不理智的事情。

口诀点金

戒除心浮气躁，炒股要冷静的分析该股的盘口和大盘走势，才便于你做出可行的有效的决策。同时，还要注意不能把炒股当成自己生活甚至生命的全部，在我们的生活中，有比炒股更重要的事情，纵然炒股失败，也并不代表自己生活失败。这样想有助于维持平和的心态炒股。

口诀4：胜败兵家之常事，不可患得与患失

口诀要点

在入市炒股之前一定要做好心理准备，那就是既要赢得起也要输得起，要清醒看待股市的发展变化，保持良好的心态，坚持周密谨慎的操作，避免迷失自己。如果总是患得患失，那么就只能在股市中一败涂地。

口诀详解

一些投资者将股市想得太美好，股市里确实投资机会多多，充满财富神话，但也不是遍地黄金，而是荆棘密布，失败者多数，成功者凤毛麟角。

投资者必须明白胜败乃兵家常事，在股市中操作次数多时，总是有时胜、有时败，没有只胜不败的，但有胜多败少、胜少败多之分。不要过于计较一时的成败，而要放眼将来，不断总结经验教训，完善操作策略，坚持正确的前进方向。

投资股票当然没人想着要输，但是，如果抱着一进股市就能赚大钱的幼稚心理，那也太不现实；投资者要抱着"输得起"的心态，否则，很快就会被淘汰出局，因为你禁不起风吹草动，太容易在恐慌是杀跌，也容易在赚小钱后卖出，结果一定亏损。

那么投资者应该怎样做来克服患得患失的心理呢？

抛弃买低卖高的理想。这个理想很美好，但在实战中要实现很难，不要抱有买到最低价、卖出最高价的想法，那是痴心妄想，即使是"股神"巴菲特也无法做到这一点。

不要为打翻的牛奶哭泣。已经发生的就是已经发生了，没有"假如当初……，就好了！"这种事。但要在每次操作前制定周密计划，操作中严格执行，操作后总结经验教训。

不要嫉妒别人获利。股市里有人成功、有人失败，不要嫉妒别人赚了多少钱，而要思索自己如何才能赚到钱。要分析赚钱的原因，总结赚钱的方法。

预先制定适合自己的操作策略。操作策略有很多种，有短线的、中线的、

长线的，有追击强势股的、抢超跌反弹的、买向上突破的、逢低吸纳的，关键是找到一种适合自己、又能成功的操作策略，而不是东施效颦、胡学乱用。

"投资法则一，尽量避免风险，保住本金；第二，尽量避免风险，保住本金；第三，坚决牢记第一、第二条。"这是一句广为传诵的一段大师的名言，很多人也是张口闭口也来这么一句，但是，这不是上面割肉做法的借口或理由，降低风险，并不是建立在止损上，而是建立在，买前多做功课，留出足够的安全边际，买后，就不要那么敏感，就要有棵平常心，安心持股。

最后还要再说一下，一般投资者在股市投资中出现巨额亏损后，心灵往往受到极大地打击，会因为严重的挫折感而并丧失信心，表现为意志消沉、悲观和绝望。这也是很多成功投资者都经历过的事情。但是，经过无数次的投资失败和总结经验，并找到适合自己的投资方法后，投资者就会明白亏损是不可能完全避免的，只要赔小钱赚大钱就是投资成功。

为了避免投资者的账户资金受到太大损失，投资者好效仿成熟投资者的经验：遇到亏损后就立刻承认事实；或者在买入股票时就做好可能亏损的准备，并根据情况适时止损，不要让亏损带来过重的心理负担。

口诀点金

股市有牛市、熊市之分，牛市不言顶，熊市不言底；股价有时涨，有时跌，涨时不贪婪，跌时不恐惧；操作有时胜，有时败，胜时不骄傲，败时不气馁；炒股有时赚，有时亏，赚时不欢喜，亏时不悲伤。只有做到以上几点才能在股市中笑傲风云。

口诀5：犹豫不决是大忌，当机立断黑马骑

口诀要点

股民熟知的一句话是："股市有风险，入市须谨慎。"没错，股市中充满

着不确定性和危险，风险时常与机遇为伴，过于求稳与无视风险，必将一事无成。因此，投资者要客观认识风险和收益的关系，在做好充分的准备，保持理性思维的前提下，战胜犹豫的心理，以获得好的收益。

口诀详解

股市里的机遇往往是转瞬即逝，买卖都是如此。因此投资者应当预先制定操作计划，设定停利点与停损点，当卖则卖，当买则买，犹豫不决只会导致投资失败。

很多投资者在买卖前已经制定了计划，但是偏偏意志不够坚定，碰到风吹草动就心猿意马，进也不是，退也不是，或者白白地让投资机会溜走，或者让自己陷入套牢的泥沼。这并不是个例，在投资决策过程中，大多数股民都会被犹豫不决的心态所左右，而产生这种心态的原因不外乎以下几种：

被市场气氛左右。一些投资人事先已经订好了投资的计划和策略，但步入现实的股票市场时，听到他人你一言我一语地说着与自己不同的看法时，其股票的决策马上改变，从而放弃了一次抛售或买进股票的大好时机。甚至，投资者事前已看出某只股票价格偏低，是适合买入的时候，并作出了趁低吸纳的投资决策。结果到市场一看，卖出股票的人挤成一团，纷纷抛售股票，于是又临阵退缩，放弃了入市的决策，从而失去了一次获利的良机。

面对盈亏患得患失。有的投资者明明事先已经编制了能有效抵御风险的止赢和止损计划，但是，一旦现实中的盈亏牵涉到自己的切身利益时，往往就不容易下决心了。有时候深度套牢不是因为没有完备的止损计划造成的，而是由于在执行止损计划时犹豫不决才造成的。

预期目标制定过高。部分投资者由于缺乏对市场的客观认识，或是试图获取丰厚的暴利，因而会制定过高的盈利目标。但这种目标不仅没有起到指示方向的作用，反而由于目标定得过高，给投资者带来一定心理压力，束缚投资水平的正常发挥。并且，过高的盈利目标与微小的实际收益之间存在鲜明的反差，使得投资者在操作中产生犹豫心理。投资者应该让预期目标发挥辅助作用，不能完全听命于预期。最后，股市投资需要有长远眼光。对趋势的研判要立足于长远，要认清大势所趋，只有当市场趋势从长远看是向好的时期，才是投资者获利的最佳阶段。

求稳心态过于严重。前面已经说过，股票市场就是一个高风险的投资市场，一味求稳不如不要进入。现实中就有这样的投资者，他们既想获取股市的收益，又不愿承担股市的高风险，总是在求稳和冒险之间的决策中犹豫不决。证券市场是一个高风险、高收益的投资场所。参与其中的投资者，适当注意风险是必要的。但是，如果过于惧怕风险，则股价跌下来不敢买，涨上去又不敢追。那么，机会必将在犹犹豫豫中随风而去。

口诀点金

犹豫不决的心态是能够通过投资者自身的努力修正的，投资者在平时就养成独立思考和严格执行操作纪律的习惯，严格执行操作环节中的风险控制方案。如果不能有效执行自己的操作规划，随时随地地否定自己的投资设想，那就会在犹豫不决的路上越走越远，最后变成一个彻头彻尾的"墙头草型"投资者。

口诀6：炒股切记别豪赌，赌徒心态要戒除

口诀要点

股市盈亏交错在所难免，但是一些股民却往往以一种赌徒形态去炒股：输了还想再把输掉得赢回来，赢了还想继续赢下去，使自己的占有欲得到进一步的满足。赌徒心理是炒股的大忌，稳健投资方是正道。

口诀详解

一些投资者认为炒股与赌博很相似，两者都是以小博大，都要冒一定风险。只要你把大量的金钱投入到股票之中，心情就自然会随着股市的上升或下跌而澎湃不安。但这只是一种片面的看法，赌博靠概率取胜，而炒股更多的是

要靠基本面分析、技术分析，以赌博的心态来炒股注定一败涂地。

一般来说，股民炒股的动机有以下三种：

1.明确地以赚钱为目的。这类投资者渴望以小博大，希望以较小的投资，赚上一笔钱，让自己的资产迅速升值。这种动机是目前最常见的，但容易引发各种心理问题，比如赌徒心理。

2.实现自我价值的一种手段。很大一部分投资者并不是以炒股为本业，他们有正常的工作，只把炒股作为工作外的休闲方式，投入不大，赢亏都在能承受范围内。这类人把炒股当做锻炼自己的方式，听听相关讲座，看看电视评论、书籍等，想通过在股海里的搏击衡量自己的能力，实现自我价值。这类投资的投资心态一般会比较好。

3.炒股作为偶尔一试的娱乐。这类投资者在股民中所占比例不小，他们大多之前没有接触过股票，看着大家都在炒，于是盲目追随。他们抱的希望往往不大，只抱着试试看、玩玩的心态，投入不会太大，对输赢无所谓。

目前市场上就有很多第一种以赌博心态来炒股的投资者，他们盲目地作出投资决策，但并没有完全可靠的依据来支撑这个决策的正确性，一旦赌对了，获得高利润，一旦赌错了，损失惨重。

那么怎么判定一个投资者是否是赌徒型投资者呢？

赌博的特点是在开牌之前并不知道自己点数的大小，赌的就是这个不确定的结果。也就是说，如果投资者对一个股票没有充分的了解，对自己买的股没有把握盈利，仅凭一时冲动就买入该股，那么就是赌徒型投资者。这类投资者思维易受外界影响，分不清用钱的轻重缓急，容易把所有鸡蛋放在一个篮子里。他们希望发财、渴望一夜暴富，因此有人不惜借钱、贷款、抵押房产来投资股市。但他们这种投机心理，容易患得患失，这种不健康的心态导致他们对股市的评判不客观，反而容易赚不到钱，离他们所期望的越来越远。

更为糟糕的是，赌徒型股民由于搬出老本甚至借资炒股，往往背负的心理压力较大，害怕万一赔了会对不起家人朋友，他们比普通人的反应会更加极端、焦虑、自责、内疚，极端的情况还会导致精神崩溃。

一般来说，赌徒型投资有如下心理表现：

1.无知者无畏。进市场来时，对股票甚至缺少基本的了解，仅凭小道消息就不断投入，最后有些输红眼了，砸锅卖铁也就进来了。

2.总想回本。炒股亏钱了，不去反省自己的错误或及时止损，而是想等反弹到多少多少一定出来，以后不再炒股了。

3.莽撞投资。听到一个消息，甚至没有去验证一下该消息的准确性就莽撞介入，生怕失去赚大钱的机会。

4.不敢操作。看机会到来，就是怕输，等股价真正涨起来了，又后悔，然后就去追涨。很多时候8元不敢买的，最后28元都敢买，结果又赔个精光。

投资者一定要调整好自己的心态。对散户而言，由于信息的相对不对称，从长远来看，赚钱的只有少数。只要还在股市，赚的钱最终总是要还的。炒股，炒的就是一个心态，如果以赌博心态去炒股，那么结果就只能像俗话说的那样——十赌九输。

口诀点金

炒股风险巨大，投入之前一定要慎重，你的投入一定是在你能够承受的范围内。如果亏了，也只当交了学费，当然如果"学费"交得太多，建议还是及早抽身，不要因小失大。毕竟，除炒股外，还可以培养其他的兴趣爱好。